と明治日本――横浜からの手紙

岡部一興編・有地美子訳

有隣新書

58

まえがき

本書で紹介するヘンリー・ルーミスは、切支丹禁制の高札が撤去される以前の一八七二年（明治五）五月、米国長老派教会から派遣されて来日した宣教師である。ルーミスは横浜に住むこと四十三年、牧師として、アメリカ聖書協会日本支局の主幹として、また同協会朝鮮支局の責任者として活躍した。さらに日本語の讃美歌を編纂したことで知られている。

まずルーミスがどのような経緯から宣教師として来日するに至ったかを辿ることとする。

日本にキリスト教が伝えられたのは、一五四九年（天文十八）、カトリックのイエズス会に属するフランシスコ・ザビエルが来航したことに始まる。ザビエルの日本滞在はたったの二年余りであったが、これ以後一六三九年（寛永十六）に鎖国が完成し、キリスト教が完全に禁止されるまでの九十年間に幼児洗礼を含めると、八十万人近い信者が生まれたというから驚きである。一五八七年（天正十五）豊臣秀吉は、突如、伴天連《バテレン》追放令を発動し、ここに禁教の国策が確立、続いて一六一四年（慶長十九）、徳川家康も伴天連追放令を発し、キリスト教が禁止されていったにもかかわらず、信者が増えつづけた。当時の人口が約二千五百万人で、キリスト者の占める割合が約三%にのぼったのに対し、現在のキリスト者が全人口の一%に満たないことと考え合わせると、驚異的なペースで信者が増えていったことが分かる。

そのようにカトリックのキリスト教が禁止され、再び日本にキリスト教が布教されたのは一八五三年（嘉永六）のペリー来航の頃であった。この来航以前の一八四四年（弘化元）五月、カトリックのパリ外国宣教会宣教師フォルカードとアウグスチノが琉球那覇に上陸した。幕府は琉球を日本の域外と定め、鎖国適用外という緩衝地帯として位置づけた。フォルカードは二年間沖縄に滞在、隔離されて満足な伝道は何一つできなかったが、琉球伝道の先駆けとなった。一八四六年（弘化三）に来日したのは、イギリス海軍琉球伝道会のベッテルハイムであった。彼は『新約聖書』のルカ伝とヨハネ伝、使徒行伝、ローマ書を琉球語に訳し、迫害に遇いながらもキリスト教伝道に邁進した。

ハリストス正教会は、一八五八年（安政五）十一月、イワン・ワシリエヴィチ・マァホフを函館領事館付司祭として来日させたのが初めである。続いて、一八六一年（文久元）六月、ニコライが函館に上陸、日本の国民性を七年間にわたり研究し、生涯日本のハリストス正教会のために尽くし、大主教に叙せられた。

プロテスタント教会の東洋伝道は、バプテスト派に転じたケアリーによって一七九三年、インド、カルカッタ近郊で開始されたのが初めである。日本への伝道は、アジア伝道の一貫として行われ、そのほとんどがアメリカのプロテスタント宣教師であった。また一七九五年、イギリスに超教派の宗教団体であるロンドン宣教会が生まれ、一八一〇年にはアメリカ海外伝道局が誕生、アジア伝道に向けてこれらの団体が宣教師を送った。アメリカでは、十八世紀半ばジョナサン・エドワーズの活躍によって大覚醒の時代がやって来た。そしてその弟子のジョセフ・ベラミーやサミュエル・ホプキンズによって引き継がれた。アメリカは独立戦争後、ルイジアナ、フロリダを所有、またテキサスを併合、同時に西漸運動が展開されていき、キリスト教伝道が拡大されていった。

本書を書いたルーミスを派遣した長老派（プレスビテリアン）の場合は、一八三七年に「長老派海外伝道協議会」という独自の組織を作り、インド、シャム、中国、アフリカ南部、南アメリカに積極的に伝道者を派遣することになっていくのである。こうして十九世紀中頃から海外伝道の機運が伸張し、数多くの宣教師夫妻と婦人宣教師を生み出して海外に送り出していったが、この海外伝道に献金を捧げ、熱心に奉仕をして支えていたのは、まさしく教会の婦人たちであった。

一八三七年（天保八）、モリソン号事件が起こった。ギュツラフ博士、S・W・ウィリアムズ、キング夫妻、ピーター・パーカーと七人の日本人漂流民を乗せたモリソン号が漂流民の引き渡しにやってきた。江戸湾に入ったが、三浦半島先端の野比浜で砲撃され退散、鹿児島でも砲撃を受け、マカオに引き返さざるを得なかった。故郷を目の当たりにしながら漂流民たちは受け入れられず、涙に暮れた。ギュツラフらは、単に漂流民を引き渡すだけでなく、近い将来聖書を日本にもたらし、キリスト教を伝えたいという思いがそこにあった。

その後、ペリーの来航によって鎖国が打破され、一八五八年（安政五）、日米修好通商条約が締結されたことによって居留地に外国人のための礼拝堂を建設してもいいことになった。翌年（安政六）五月には米国監督教会のT・リキンズ、六月には同教会のS・W・ウィリアムズが来日、同年十月には宣教医として米国長老派教会のヘボン（J・C・ヘップバーン）が神奈川に上陸、十一月には米国オランダ改革派（ダッチ・リフォームド）教会のS・R・ブラウン、シモンズが神奈川に、また同派のフルベッキは長崎にやってきた。続いて一八六〇年（万延元）にはバプテスト派教会のゴーブルが来日、六一年（文久元）にはJ・H・バラが神奈川に上陸した。ヘボンは神奈川の成仏寺本堂に住み、ブラウンも成仏寺の庫裡に、シモンズは宗興寺、ゴーブルは成仏寺の境内の小さな家に、J・H・バラも成仏寺の一室に住み、さながら神奈川の成仏寺は日本におけるプロテスタントのキリスト教センターともいうべき所になった。ヘボンは「平文」の名で親しまれ、施療をしながら和英辞書を編纂し、聖書和訳を行っていた。

当時の神奈川は旅籠があり、人口は五千人ぐらいの町であった。横浜は百軒ほどしかない半農半漁の小村にすぎなかった。ところが一八五九年（安政六）、幕府が横浜に居留地を設置するとの布告を出すと、居留地に移住するものが次第に増え、横浜の人口が急激に増えていった。

埋め立てが盛んに行われて、外国人居留地と日本人町がつくられ、人口は一八六七年頃（慶応年間）までには二万人、六九年（明治二）には二万八千人、七二年（明治五）には六万四千人へと急増していった。

一八七二年（明治五）、J・H・バラによって創立された日本最初のプロテスタント教会である日本基督公会にしても、一八七四年（明治七）に創立された最初の長老派教会である横浜第一長老公会にしても、教会の担い手は士族層が多かった。それも離散士族である旧幕臣や佐幕派の子弟が多かった。彼等は、明治維新によって武士階級という身分を喪失し、職業の転換を強いられたため、ひたすら自己の身を立てるために英学を学んだ。彼等はキリスト教に関心を示すことがなく、また拒絶するものもいたが、勉学に励むなかで宣教師の人格的感化もあって、次第にキリスト教を受け入れ、やがて熱心な伝道者になるものを多く生み出した。

ルーミスは、南北戦争に参加した北軍士官の経験を持ち、オーバン神学校を卒業した牧師で、保守的な信仰と高い教養を備えた紳士であった。ルーミスの先祖は、イギリスから自由の天地アメリカにやってきた頑固なピューリタンであった。日本にキリスト教をもたらした多くのプロテスタント系宣教師たちの先祖は、ニューイングランドに上陸し、アメリカ西部へ広がっていった。その信仰は、聖書を絶対的なものとし、個人の回心を重視し、伝道に熱心であった。日本でルーミスのもとに集まった士族の子弟たちは旧幕臣や佐幕派で、明治維新によって出世の道を閉ざされ、日本社会から孤立し没落した集団であった。士族の子弟たちは、ルーミスについて真剣に英学の取得に取り組んだ。その学びのなかで、彼等の武士的精神と、ピューリタン的、軍人的気質をもつルーミスの語る福音は次第に打ち解けて、儒教からキリスト教への転換が見られた。

ヘンリー・ルーミスは、夫人のジェーン・ヘリングとともに横浜外国人墓地に眠っている。墓碑には「彼らの目は麗しく飾った王を見る」とイザヤ書の聖句が刻まれている。東京第一長老教会を創立したカロザースの教会員であった戸田欽堂がアメリカ聖書協会時代のルーミスの印象を次のように述べている。「其頃米国のバイブルソサイァティからルーミスと云う素敵に顔の長い身丈の高い上品な異人がきた」と。

ルーミスは横浜第一長老公会を創立し四年間伝道した後、健康上の理由でアメリカに一端帰国するが、五年後、病が癒えて再び来日、アメリカ聖書協会の日本支局主幹として、また同協会朝鮮支局の責任者として聖書の普及に務めた。さらに讃美歌の面では、一八七四年（明治七）六月、十九編からなる『教《おしえ》のうた』を奥野昌綱と出版、また同年クリスマスの頃に『讃美歌《さんびのうた》』を発行、日本の讃美歌史に名を留めている。前年に十六篇からなる『教のうた』を出版したというが、現存していないので確認できない。人柄は温厚で横浜に立ち寄る宣教師や知人を世話し、朝鮮においては、いち早く聖書をもたらした。

なお、ルーミスの人となりと書簡の意義については、巻末に掲げた解説に譲りたい。

最後にこの書簡集の出版に際し、横浜指路《しろ》教会から援助を得て可能になったこと、また牧師はじめ教会員の励ましがあったこと、何よりもこの発行を有隣堂出版部が快く引き受けてくださったことに御礼申し上げたい。

《目　次》

凡　例

・マイクロフィルムに撮られた手紙の原文を基に、タイプコピーをまず作成した。原文に破損したり不鮮明な部分があり、その箇所は訳文中で（文字不明）もしくは（数文字不明）とした。
・マイクロフィルムは年月日順となっていない箇所があるが、訳文は年月日順に並べ変えた。
・往復書簡の片方であるため、話題や単語が唐突に出てくることがある。会話の片方のみを聴いているようであり、通信者間のみに理解できる内容の省略がある。
・読者の理解を容易にするため、編訳者が書簡に内容を要約したタイトルを付した。
・原文は一部議事録などを除き、口語体に近い日常使われる文章である。
・自分の上司に相当する人宛の手紙であり、それなりの気遣いを示す文章には敬語を使った。
・外国人居住地区は、日本人の町とは隔離されていたこと、外国人から見れば日本人は、「native」、即ち「現地人」であったことなど、日本人から見れば違和感のある言葉もそのまま訳した。
・当時のいろいろな教派の宣教師が作り上げていた特殊な「社会」の事情や、その歴史の知識に基づいてのみ理解可能な部分がある。

第一章

日本における伝道の状況

横浜居留地39番のヘボン邸（右）と施療所（中央）　横浜開港資料館蔵

1　ルーミス夫妻の横浜到着

横浜　一八七二年五月二十四日

（宛名なし）

横浜に午前十一時に到着しましたが、昨日途中で会うだろうと思っていた汽船が、まだここに留まっていて、明日まで出港しないことが分かりました。従って友人たちに、到着の無事と第一印象を書くことに時間を利用しています。

この国の美しさを表現する言葉もありません。おとぎの国のようであり、夢の中で見る幻想のようです。私は到着前に、この国の魅力を想像してみようと努めていましたが、私の予想をはるかに超えています。ウェーバーという司祭は、インドについて「どの景色もみな人を喜ばせる、そしてただ人だけが非常に悪い」と書きました。

船でしばらく待った後、上陸してミッションの屋敷へ行きました。そこにはもちろん誰もいませんでした(1)。ブラウン博士(2)の所へ行く途中で、船に行こうとしていた改革派のウォルフ夫妻(3)に会いました。彼らは、私たちを自分たちの所に下宿するように招いてくださり、プライン夫人(4)と一緒に宿泊できると知らせてくださいました。彼らの招きを受け入れ、快適に落ち着けました。

私たちの知る限りでは、家財道具一式一つも到着していません（文字不明）。パナマ経由で送られた物でさえ着いていません。このときまでには当地に着いているように計画していましたので、本当に失望しています。家事の切り回しをどうしたらよいのか見当がつきません。ヘボン[5]博士は、ミラー[6]氏がヘボン宅を、私たちが他の家を使うように、伝言してくださっていました。ヘボン氏の家と庭はとても快適です。

食料、家具、衣類などの品物には不自由があるでしょうが、なんとか当地で調達することができます。ヘボン博士の家のほぼ向かい側に肉の市場があり、そこではいろいろな種類の肉を売っています。牛肉はニューヨークと比較してずっと安いです。ニューヨークで買えるようなものに似た、当地で作った用簞笥を見ました。今日午後、合衆国の大きな都市の店で見つけることができるような、いろいろな金物を売っている店に立ち寄りました。

ヘボン　横浜開港資料館蔵

プライン夫人に、当地での女性の働きについて尋ねますと、啓蒙された進歩的な男性たちには、女子の教育に対する大きな願望があるけれども、女性の間ではまだほとんどその希望は感じられないと語っています。

けれども大きな変化が起こりつつあり、そのような方向への大きな期待をこれから満たそうということに疑いの余地はありません。これからの長い経験を得て、より多くお伝えできるでしょう。

当地の宣教師たちは皆、希望に満ちています。彼らは自分たちの仕事を大いに楽しんでいて、常に、より大胆に働いています。この三月に最初のプロテスタントの教会[7]が組織されたことについて、あなたは以前にお聞き及びでしょう。これは、将来私たちが期待し得る発展の一つのしるしにすぎません。彼らは大きな不安を持って、条約の改定を見守っています。

宣教師たちを担当しているアレン氏（文字不明）に会いしましたところ、彼は、大工に家の修理を直ちにさせるところだと話してくれました。私たちは来週、神戸に行くつもりでいますが、帰り次第、できる限り速やかに仕事に就く予定です。私たちは、日本語の慣用句の本をそれぞれに持っていて、毎日少しずつ熟達するように努めています。

私たちの前途にある仕事の場と、その仕事に、二人とも大いに喜んでいます。　H．L．

（1）当時横浜に在住していた二人の長老派宣教師　ヘボン博士は、一八七一年十一月から七二年七月まで『和英語林集成』第二版印刷のため上海に行き、タムソン氏は七一年江原素六、片岡健吉らの欧米視察に通訳として随行し七二年六月帰国のため、両氏は留守であった。

（2）ブラウンBrown, Samuel Robbins（一八一〇～一八八〇）　米国オランダ改革派教会宣教師。一八五九年フルベッキ、シモンズとともに来日、七四～七九年にかけて新約聖書翻訳委員会委員長として翻訳に従事、七九年病気のため帰国、八〇年六月二十日マサチューセッツ州モンソンで死去。高谷道男編訳『S・R・ブラウン書簡集』参照。

（3）ウォルフWolff, Chales,H.H.（生年未詳～一九二〇）　米国オランダ改革派教会宣教師。一八七一年二月来日。東奥義塾の教師を経て、長崎で伝道、名古屋英語学校、学習院で英語教師として働く。横浜で死去。横浜外国人墓地に眠る。

（4）プラインPruyn, Mary（一八二一～八五）　アメリカ婦人一致海外伝道局宣教師。七一年六月二十五日J・N・クロスビー、L・H・ピアソンとともに来浜、七五年病で帰国。アメリカン・ミッション・ホーム（現横浜共立学園）を創立、総理となった。

（5）ヘボンHepburn, James Curtis（一八一五～一九一一）　一八五九年十月十八日来日。神奈川成仏寺に住む。六三年五月横浜居留地三九番で施療所を開く。六七年『和英語林集成』を上海で出版。七四年聖書翻訳委員会に参加。八二年から旧約聖書翻訳委員長として活躍し、八九年明治学院総理になる。九二年指路教会会堂を建て、また山本秀煌《ひでてる》と『聖書辞典』を出版。一九一一年ニュージャージー州イースト・オレンジで死去。

（6）ミラーMiller, Edward Rothesay（一八四三～一九一五）　七〇年プリンストン神学校卒業、七二年六月米国長老派教会宣教師として来日。翌年七月米国オランダ改革派教会宣教師メアリ・キダーと結婚、教籍を同会派に移す。七七年日本基督一致教会創立に尽力、東京一致神学校で教える。一九一五年アメリカに帰国して死去。

（7）最初のプロテスタント教会　その名を日本基督公会といい、日本における教会設立に際し教派主義を捨てて、合同教会をめざす超教派主義を標榜した。中国伝道で活躍したS・R・ブラウンの経験に基づいて、J・H・バラが牧師として指導、長老派のタムソン、長老派から改革派に移ったミラー等を中心に運動が展開された。

2　日本宣教の状況

神戸　一八七二年六月七日

エレンウッド博士

私が第一信で、当地の物事の非常に明るい展望をお伝えしましたが、あなたがどうお考えになったか分かりませんが、この国と人々に対する私の見方を変える何の理由もまだ見い出していません。宣教の仕事については、私が予期した以上に希望があります。毎日、展望はより明るくなり、仕事はより重要になり、より急を要するようになってきています。政府の政策を変えるために、私たちが働く必要はありません。それは、自ずからそのようになるでしょう。聖書を教えることについて、私たちがするべきことはたくさんあります。これは差し当たりの仕事であり、妨害はありません。常に聖書の需要があり、彼らは皆、その意味するところを知りたいと望んでいます。彼らは注意深い生徒であり、見事に勉強が進んでいます。神戸のD・C・グリーン[1]氏には十五名から二十名の生徒がいます。J・H・バラ[2]氏も同じくらいのクラスを持っています。（数文字不明）ピアソン[3]夫人は彼らを教えなければならなかったのですが、彼女は余儀なく断念しました。既にある者は、彼らを私が教えるべきだと要求しています。間もなくそうすることができるようにと期待しています。

J.H.バラ　日本キリスト教文化協会蔵

あなたが送り得る限りの男性を、当地では全部必要としていることに、私は満足しています。そして最も優秀な者を望んでいます。日本におけるミッションの仕事に関連して悲しむべきことがありますが、それは献身的で思慮分別のある男性がどうしても必要であり、それが究極的に重要なのです。彼らが実際に説教をするときまでには、その道に何の障害もなくなり、説教を聴こうとする大衆がいるでしょう。その要求は既に始まっています。ほんの数日前に、仏教の僧侶が、自分の古い信仰との関係を絶ったので、自分と自分に従っている人たちのところにきて、新しい宗教を教えてほしいと、J・H・バラ氏に言ってきました。南部のある地方の役人から、キリスト教を教えるために一人の宣教師を送るようにとの別の要求がありました。何たる神の働きでしょう。

いろいろな学校から、宣教師たちに教えてほしいとの要求が絶えずあるということは、驚くべき事実です。ジョン・バラ[4]氏と一緒に、彼が教えている学校に行きました。それは、一人の裕福な日本人によって建てられた、政府からは独立した寄宿学校です。そこには百人ほどの少年と青年が就学しています。これらの異教の少年たちは、この春、私が出席したエール大学の朝の礼拝での生徒たちより、ずっと静かで熱心に聞き入っていました(数文字不明)。これらの青年たちの多くは聖書を勉強しています。この同じ人が、女子の寄宿学校として同じような校舎を建てることにしています。牧師のブラウン博士は、江戸の一人の日本人から、その女子のための寄宿学校を監督する婦人たちを送るように要求した手紙を受け取りました。数人の日本の役人たちが、当地にある学校で、O・M・グリーン氏に教えさせようと、ここにやってきました。この人たちの要求を満たすために、当地に幾人かの良きキリスト者の教師がほしいと願っています。このような状態にあって、この仕事に全く不適当な人が多いことを目にすることは、悲しいことです。当地における私たちの最大の困難は、フランス人やドイツ人の不信仰や、キリスト教の悪口を言うイギリス人たちの影響を打ち消すことでしょう。ノースロップ[5]氏のような方が間もなく当地にきて、教育の仕事の管理を引き受けてくださることを喜んでいます。彼がこの国民をキリスト教化することを促進するという機会は大きいに違いありません。

六月十七日

最近の新聞で、日本政府内にある神祇省を廃止する法令[6]が発効されたことを見ました。現在に至るまでは、その省は何よりも最も重要と見なされていて、それによって政府は神道の信仰を維持していました。今や、すべての宗教組織は共通のレベルに変えられました。国の宗教は存在しません。間もなく完全な自由になることを期待できます。次の便ではもっと詳しく書きましょう。

キリストに在って　　ヘンリー・ルーミス

追伸　私たちの仕事を（文字不明）ために、当地にミラー氏を迎えたことは、たいへん喜ばしいことでした。彼はこの国をとても気に入っていて、私たちが落ち着くまで、彼は数日、江戸へ行き留まっています。ラウリー博士は、現在この働きの場には充分な人数がいると考えていて、人の心を別の国に行くように仕向けようとしていると、彼は私に話しています。私の知る限りでは、直ちに一ダースもの人を必要としていることが真実だと言わせてください。アメリカン・ボード[7]が既に行っているように、私たちも内陸の地方に人々を送るべきなのです。そしてキリスト教宣教の仕事のために、日本ほど良い場所は手に入りません。寺院は大衆から見捨てられていて、彼らは急速にアメリカ化されてきています。今こそは福音の種を蒔く時です。J・H・バラ師は、全くあるいは部分的にでも英語を教えていない当地でただ一人の宣教師です。改革派は大きくなることはできません。バラ師は健康を害しています。もしここで何かをするのであれば、私たちがしなければならないのです。

　宗教の自由は、期待されたようには保証されていません。キリスト教に対する禁止令は公共の場でなお見られますが、急速に死文化してきています。自由は（文字不明）くるでしょう。ただ人を私たちのところに送ってください。そうすれば彼らは自分たちができるすべてを、あるいは彼らができる以上のことを見い出すことでしょう。

　デトロイトからの手紙をありがとうございました。多くの気苦労や職務がある中で、私のことを配慮してくださり、ありがとうございます。私たち二人はとても元気にしていて、七月四日以降には家事に少し取り掛かろうと思っています。私たちの道具一式は、三日に当地に着く汽船に載っているはずです。タムソン[8]氏はこの前の汽船ではいらっしゃいませんでした。次のではお目にかかれるでしょう。あなたとご家族に、ミセス・ルーミス[9]とともに、よろしくお伝えください。

キリストに在って　　ヘンリー・ルーミス

（1）D・C・グリーンGreene, Daniel Crosby（一八四三～一九一三）　アメリカン・ボード宣教師。六九年アンドーヴァー神学校卒業、翌年三月神戸に赴任、七四年四月摂津第一公会設立（神戸教会）。ルーミス夫人の実兄にあたる。

（2）J・H・バラBallagh, James Hamilton（一八三二～一九二〇）　米国オランダ改革派教会宣教師。六一年マーガレット・キンニアと結婚。同年十一月十一日神奈川に上陸、七二年三月十日、日本基督公会を創立させた。その後も毎聖日の礼拝と毎日のように祈禱会を行った結果、体調をくずし同年六月アメリカから戻ってきたタムソンに一時その責任をバトンタッチする。七五年七月私財を捧げ、内外からの献金により教会堂を建設。一九一九年六月帰米するまで日本伝道に生涯を捧げた。

なお、夫人のマーガレット・バラBallagh, Margaret Tate Kinnear（一八四〇～一九〇九）には、一八六一年結婚して来日から五年間のさまざまな生活と体験を綴った著書がある。マーガレット・バラ著、川久保とくお訳『古き日本の瞥見』有隣新書。

（3）ピアソン夫人Pierson, Louise Henrietta（一八三二～九九）　アメリカ婦人一致海外伝道局宣教師。バチスタル大学卒業、二十八歳のとき夫を亡くし、また四人の子供も亡くし、七一年六月二十五日プライン、クロスビーと来浜。二か月後、横浜山手に亜米利加婦人教授所（現横浜共立学園）を設立、校長に就任、八二年共立女子神学校を新設、一度もアメリカに帰国することなく日本の土となった。横浜外国人墓地に眠る。

（4）ジョン・バラBallagh, John Craig（一八四二〜一九二〇）米国オランダ改革派教会宣教師である兄のJ・H・バラ師に招かれて一八七二年来日。高島学校藍謝堂で英学を教えていたが、七三年高島学校が火災のため廃校になったので、ヘボン塾に迎えられた。横浜居留地三九番の建物を譲り受けて塾を継続、バラ学校といわれた。八〇年四月、この学校は築地明石町七番に校舎を移し、築地大学校となった。八三年に先志学校と合併、東京一致英和学校となり、さらにこの二つの学校が合併して明治学院となった。彼は明治学院では数学、簿記などを教える教授となった。

（5）ノースロップNorthrop,Birdsey Grant（一八一七〜九八）コネティカット州ケントで生まれ、イエール大学に学んだ後、同大学神学部卒業。牧師を経験した後一八六七年コネティカット州教育局秘書官になり、義務教育を実施した。七二年日本政府から招聘されたが、実現せず一八九五年にようやく来日した。六三年下関事件賠償返還をアメリカ政府に勧告し、教育目的に使用することで実現した。また七六年には、政府の要請により札幌農学校にクラークを推挙、そこから札幌バンドが生まれた。

（6）神祇省を廃止　一八七二年四月二十一日神祇省を廃止し、教部省を置く。七七年一月、教部省は内務省に吸収された。

(7) アメリカン・ボードAmerican Board of Commissioners for Foreign Missions（ABCFM）一八一〇年アメリカ・ニューイングランドにおいて外国伝道を支援するためにつくられた教団。日本では日本基督伝道会社（七七年）と日本組合基督教会（八六年）の設立をもたらし、学校教育や社会事業に力を入れ、同志社、神戸女学院、梅花学園などを創立させた。

(8) タムソンThompson, David（一八三五～一九一五）六二年ウェスタン神学校卒業、六三年五月十七日、米国長老派教会伝道局から派遣され来浜。七一年五月、江原素六、片岡健吉らの政府派遣欧米視察団の通訳として欧米を視察翌年六月帰国した。タムソンは、S・R・ブラウン、J・H・バラなどが主張する超教派主義による教会を建設しようとする運動に賛同、彼も東京に出て七三年九月東京基督公会を設立させるが、まもなく挫折、七六年東京翻訳委員会の中心メンバーとなった。七七年日本基督一致教会の創立に参加、在日伝道五十二年の長きにわたった。

(9) ミセス・ルーミス　元の名をジェーン・へリング・グリーンJane Herring Greeneといい、アメリカン・ボードの宣教師として一八六九年十一月に来日したD・C・グリーンの妹。

3　バイブル・クラス

横浜　一八七三年一月十日

ラウリー博士

　あなたが健康を快復され、再び仕事に戻られたと伺い、私たち一同たいへん喜んでいます。私たちは再びミッション会議を開催したばかりのところで、私が書記として、私たちが行動に移すと決めた事項について報告するように指示されました。

　あなたの最近の手紙で、この地で働こうとしている婦人たちは、特別に彼女たち専用の住まいが建てられるまでは来日しないと伺いました。このことから、私たちの手紙が十分に理解されていないと判断しました。この地で働きたいと願う者は皆、できる限り速やかに来日すべきであるというのが、当地にいるすべての宣教に携わる者たちの一致した意見です。言葉の勉強を早く始めれば始めるほど有効なのです。もし日本語を学ばなければならないのであれば、まず一年間はもっぱらそれに専念すべきであり、それが終わっても、さらにより多くを学ばなければならないことに気づくでしょう。

　カロザース[1]氏の家は一か月ほどででき上がるでしょう。同じ敷地内にある母屋は、彼女たちが派遣されれば直ちに入居可能でしょう。O・M・グリーン[2]氏はミラー氏と一緒に、ヘボン博士たちが戻るまでその家に住むでしょう。カロザース氏と私たちは、各々一人もしくは二人をしばらくか、ずっと住まわせることができます。もしその方が良いのであれば、家を建てて維持をするのと同じ費用で、いつでも借りることが可能です。このことから住居が不足していないことがお分かりになるでしょう。私のエレンウッド博士宛ての手紙で伝えようとしたことと、ヘボン博士の意味することは同じであり、私たちのように結婚して家族を持つ者たちが、派遣されるすべての独身者に、ずっと住まいを提供することが期待されるべきではないということです。どちらの側にとっても気の進むこととは限りませんし、多くの揉め事の原因であることは、経験の示すところです。

さらに、今のところ、これ以上、家を購入したり建てたりすることは、最良の策ではないと意見が一致しています。この国は、いまだに開国されていません。私たちの居住場所は、江戸の狭い片隅と、この町の外国人専用の部分に制限されています。その結果、こうした状況のもとで、土地を買って家を建てることは高いものにつき、現地の人々との接触に都合の良い場所とはなりません。

江戸のどこにでも、私たちが選ぶところに土地を買うことができる時がきたら、婦人たちの家を決めるべきでしょう。私たちはそのときが、そう遠くないことを願っています。彼女たちが、働きのために準備を整え終わるときまでには、適当な場所を確保することに困難はないと思っています。

誰でもこの地にくるために、特に決まった季節まで待つ必要はありません。どのような経験を持っている婦人でも、当地とニューヨーク間の旅は、あらゆる便宜がありますので、とても快適で安全な旅ができるでしょう。

当地での仕事の面白さや、重要さは、常に増し加わっています。もう一人の青年[3]が、先週の安息日に洗礼を受けましたし、聖書を学ぶ者の数も、日ごとに増えています。私自身のクラスもおよそ三十人にもなり、なお増えています。バイブル・クラスは、最も楽しい仕事の一つだと思っています。当地の学校の一つでは、約三十人から四十人の生徒が、安息日ごとに聖書の勉強をしたいと希望しています。私がそれを受け持つように言われています。

私たちの困難について、タムソン氏からお聞きおよびのことと思います。ミセス・ルーミスは急速に快復していて、間もなく元気になるでしょう。彼女からよろしくとのことです。

キリストに在って　ヘンリー・ルーミス

追伸　多くの家族持ちがくるまでは、一度に多くの宣教師を送ることは良策ではないでしょう。私たちの家には限りがあり、一度に僅かな人にしか住まいを提供することができませんし、彼ら自身の住まいを整えるまでは、しばらく私たちの所に留まる必要があるのです。でも、できるだけ速やかに宣教師たちを送ってください。そうすればなんとか住まいを提供しましょう。

（1）カロザースCarrothers, Christopher（一八三九～一九二一）六九年マコーミック神学校卒業、同年七月二十七日米国長老派教会宣教師として妻ジュリアとともに来浜、同年十月東京に出て私塾を開く。また慶應義塾に出講、福沢諭吉の信頼を得る。七四年東京第一長老教会設立、また築地六番神学校を創設するなど活発な伝道を展開したが、七六年「イエス」を「ヤソ」と訳すことをめぐって宣教師を辞任、以後九六年まで度々帰米したが、広島英語学校教師をはじめ様々な学校で英語教師となった。九五年には第二高等学校で不敬事件を起こし九六年辞任、帰米した。

（2）O・M・グリーンGreene, Oliver M.（生年未詳～一八八一）米国長老派教会宣教師。一八七三年十一月三十日に来日、はじめヘボン塾で教えていたが、のち東京築地でカロザース等と働いた。カロザース辞任後東京第一長老教会、品川長老教会の仮牧師を兼任し、また安川亨、戸田忠厚と千葉県の下総伝道に力を注いだ。

（3）もう一人の青年　井深梶之助のこと。一八七三年一月五日S・R・ブラウンから受洗した。

4　財政問題

横浜　一八七三年九月三十日
ラウリー博士
ミッションの年次報告作成の仕事が私に与えられましたので、この一年間に起きた財政問題についてまず述べましょう。
あなたに充分ご理解いただけるように、起きたことの簡単な経緯を記す必要があるでしょう。江戸の火事の後、カロザース氏は、いずれは台所と使用人の住居とするように、小さな建物を建てました。これには五二五ドルかかりました。この二月まで住居として彼が住み、それ以後タムソン氏が住んでいます。少々広くするために、通常の外部造作が必要となり、秋の会議で一一七・五〇ドルの引き当てが、追加費用として提出されました。
カロザース氏から、新たな家の計画書がミッションに提出され、彼は二五〇〇ドルで建築できると申しました。承認されて、彼は建築の手配をしました。しかし二階にバルコニーと、屋根裏部屋の窓が追加され、いくつかの窓が四角ではなく、アーチ形になりました。螺旋階段と大きな窓が、承認された元の計画にあったか否か記憶にありませんが、両方造られました。
私自身の家は、便利さの点で雛型のようなものであり、二人用としては改良の余地はありません。それは四〇×二八フィートです。カロザース氏の家は二階建てであり、四八×三六フィートです。冬に快適にしておくことは不可能に近いでしょう。

二番目の宣教師家屋が決定されたときに、より廉価でより相応しく計画するため、委員会が設置されました。ミラー氏が委員長となり、委員会は、わが家の図面に多少の修正を加えたものを使うように提案しました。カロザース氏はミラー氏に書面で、その計画図面通りには建てられないから、自分が最良と思うように建てると伝えました。そして彼は、長さと幅で二フィートずつ減らして、初めから自分で計画した図面に従って建て始めました。

耐火造りの倉庫（あるいは書庫）と礼拝堂が、彼自身の責任のもとに建てられました。ヘボン博士は、書庫のための費用が請求されたときに、ボード（教団）はそのような費用を承認しなかったと思っていると回答しました。カロザース氏は、それならば自分自身で建てると申しました。ミラー氏は、個人的に得た二六五・〇〇ドルを、カロザース氏に渡しました。カロザース氏は、アメリカの友人から一八四・〇〇ドル受け取りました。礼拝堂は五一三・〇〇ドルかかり、なお六〇・〇〇ドル借金があります。

カロザース氏は、昨日の年次総会で報告しました。

自身の家　　　三〇三五・五〇ドル

ミッションの家二軒　二八二三・七五ドル
耐火書庫　　　　六二五・〇〇ドル
礼拝堂未払い金　　六〇・三二ドル

カロザース氏は、自分の家の見積りに、現在台所と使用人の部屋と物置に使っている建物の費用の半分しか含めていませんでした。（タムソン氏は片隅を使っています。）

このように支出された金額は、ミッションの歳出予算を一五九九・六九ドル超過しています。彼はなお、建物を完成させるために四五ドル必要であると言っています。

カロザース氏は不足額に対して、昨年、教育に携わって得た報酬から、一二二四ドル献金しました。彼は、彼の勘定書の収支を保つために、さらに、四二〇・六九ドルの不足額を請求しました。建物は完成していましたので、これはミッションによって認められました。

カロザース氏は、塗装や、ある工事にかかった費用が、彼が予測していた以上であったと記録するように希望しました。また金具類に対する二番目の請求書も、最初のものより高額であったことも記録するように求めました。

カロザース氏の教えていることについて、彼自身が責任をもって回答すべきです。彼が給与をも受け取っていることが一般に知られていて、当地での中傷の源になっています。また、彼が他の人よりも少額しか受け取っていないということは、教育を職業としている人々に反感を与えました。彼が雇用されていた当時、政府は月に二〇〇ないし三〇〇ドル支払っていました。カロザース氏は、他の専門の人たちほど多くの時間を教えていなかったと思います。しかし、彼は学内で最高の位にあったので最高額を得てしかるべきでした。あなたにお送りした日刊紙の写しにありますように、それが（文字不明）についての一般的な感情なのです。もちろん、すべての状況は理解できません。カロザース夫人(1)は、生徒に授業料を課していますが、彼女は教科書や（文字不明）を買うために、お金は使うべきであると提案しています。

カロザース氏の生徒たちが、彼らの家の屋根裏部屋を宿泊所として使っていることも、あなたに知っておいていただきたいのです。このようにして、九人から十人が生活していると思います。冬には、灰を詰めた小さな箱で炭を焚いて暖を取っています。灯油も使っているようです。日本人の間では火事が頻繁に起きていますので、私には安全とは思えません。わが家に、同じように彼らを置くことは正しいこととは思えません。

ラウリー博士、今、私は不公平にならないように、この件を述べようと努めています。私は何も語りたくないのですが、あなたが報告を求めておられますので、できる限りを尽くしています。

私は、現在気分が優れませんので、他の件については、いずれかの折に延ばさざるを得ませ

ミラー夫人　フェリス女学院蔵

ん。これより前に、あなたにお書きすべきでしたが、ほとんど毎月、エレンウッド博士に書いていましたので、ことの進展について、どなたかがあなたに報告していると考えていました。

総会への年次報告で、日本が開国したと書いてあったことを知り、とても驚きました。そのようなことはないと、これまでたびたび書きましたし、ここでも、それを繰り返します。

タムソン氏は、ミス・パーク[2]を、彼の仕事の助手にしています。そこで、ウーマンズ・ボード[3]は、他の人を見つけることが必要になるでしょう。ミス・パークは、タムソン氏の素晴らしい伴侶となるでしょうし、両者は一緒にいて幸せであると同時に、さらに役に立つと思います。最高の教養と、資質を持った婦人以外は、当地の婦人たちの間で働くために、もう誰も送らないでくださいと、もう一度言わせてください。哀れな学校のためには、もう（文字不明）誰もいないほうが良いでしょう。プライン夫人とミラー夫人[4]の学校は当地で、それぞれに繁栄しています。私たちは、江戸と同等の監督が必要です。教育の分野はすべて私たちのものですから、適性のある者は素晴らしい働きをするでしょう。

追伸　私は、当地で新しく建てられた二階建てで、江戸で必要としたもの以上に大きな家を、今見てきました。価格が二五〇〇ドルにしては、素晴らしい住まいであり、よく建てられています。材料と土地の両方とも、江戸の方が当地より高いです。しかし、その人は、カロザース氏が言ったように、監督するための建築家を雇いませんでした。江戸では建築家と、建築業者に二二〇ドル、その仕事に対して支払われました。

H．L．

（1）カロザース夫人Carrothers, Julia　一八六九年夫とともに来浜。同年秋東京南小田原町の雑居地区に移り、翌年十月築地明石町六番に住み、私塾を開く。七〇年八月蒸気船事故で亡くなったコーンズ夫妻の遺児をアメリカに引き渡すため七一年三月帰米、七二年三月日本に戻る。この私塾がのちの女子学院の一源流となる。

（2）ミス・パークPark, Mary（一八四一～一九二七）米国長老派婦人宣教師。一八七三年来日、当初築地六番に住むカロザース夫人の学校を手伝う予定であったが、助力を断られた。同じ敷地内に住むタムソンの助手となるうちに二人は急接近し、同年十月には結婚を決意するに至ったという。

（3）ウーマンズ・ボード　小檜山ルイ『アメリカ婦人宣教師』によると、アメリカの最初の婦人伝道局は、一八六一年に創立した超教派の婦人一致海外伝道局である。（Woman's Union Missionary Society of America for Heathen Land）また長老派は一八七〇年にはフィラデルフィアの婦人伝道局（Woman's Foreign Missionary Society of the Presbyterian Church）とニューヨークの婦人伝道局（Ladies' Board of Missions, Presbyterian Church, New York）が創立し、さらにシカゴに婦人伝道局（The Woman's Presbyterian Board of Mission of the Northwest）が生まれた。パークは、ニューヨークの婦人伝道局に所属していた。

（4）ミラー夫人（メアリ・キダー）Kidder, Mary Eddy（一八三四～一九一〇）米国オランダ改革派教会婦人宣教師、フェリス女学院創立者。一八六九年八月S・R・ブラウン一家と来日、日本における最初の独身婦人宣教師であった。一年間新潟に住んだ後、七〇年九月横浜居留地のヘボン夫人の塾を引継ぎ、七三年七月E・R・ミラーと結婚、七五年山手一七八番の現在地に校舎を建てフェリス・セミナリーを開校、八一年辞任、のち伝道界に転身した。

5　キリスト教に対する一般的印象

横浜　一八七三年九月三十日

この国において、組織される宗教団体は、外国人の管理のもとにあってはならないという一条項が、新しい条約に挿入されるということを、今、知らされました。人々が政府に対して批判することは、国の指導者たちによって全く許されていません。

この条項は、プロテスタントの人々に信仰の自由を与え、イエズス会[1]を排除しようとの考えのもとに、当地にいるアメリカ人によって起草され承認されました。これは日本において大きな問題になっています。イエズス会は既に勢力を持っていて、数においてもプロテスタントの宣教師を大いに上回っています。大きな修道院が、当地で現在、建設途上にあります。大使の一行が戻ってきた同じ汽船に、九人の司祭が乗っていました。他の司祭の名前が、今後六か月先までの、どの汽船にも前もって登録されていました。このようなことは、人々に恐れを抱かせるに十分な理由となっています。ヨーロッパから排斥された彼らは、この国においてぐずぐずしているプロテスタントの先を越して、熱心な努力によって支配力を得ようと試みています。

この条項は、広い利益のために認めるべきであるというのが、宣教師たちの一般的な意見だと思います。他に困難を回避する方法はないようです。

宣教師一人一人の望みを、きっちりと固守させるという、あなたの政策は正しいのです。当地の事態の複雑な状況は、ミッションのすべての問題を暗雲のもとに置いています。外国と外国人についての、この国の人々の一般的な印象は㈠宣教師たちは、利己的な現地人によって影響され、最大限の報酬が得られる地位を求めるものとされています。㈡キリスト教は、科学や一般教養に対して二義的なものにすぎない。㈢キリスト教という宗教は、劣った精神文化で成り立っているにすぎない、なぜならそれを代表する多くの者たちによって教えられているだけのものだからだ、と見なしているようです。

H. L.

（1）イエズス会　カトリック男子修道会の一つ。一五三四年八月十五日パリのモンマルトルの小聖堂で三誓願によってイグナティウス・デ・ロヨラ等七名が立ち上がったことにはじまる。日本では、一五四九年（天文十八）八月、ザビエルが鹿児島に上陸、布教活動にあたったので有名である。

6　国情と伝道

静岡　一八七三年十月十四日

ラウリー博士

昨年の、このミッションの活動を報告するに当たって、まず、この国の状況について述べる必要があるでしょう。事態の正確な状況を突き止めることは、簡単なことではありません。しかし、多くの信頼のおける筋によりますと、日本はとても危険な状況にあるようです。

日本は勅令によってのみ、文明化が可能であると、少人数の指導的立場にある人たちによって考えられているようです。そして、国民の見解に関係なく、施行することも不可能なほどに、訓令に次ぐ訓令が発布されています。このような進歩的な法令は、それぞれの藩で影響力を持っている人々から激しい反対にあい、権力者たちは互いに結集して反目し合っています。政府は非常に目新しい方法で、保守的な指導者を江戸に呼び集め、連立を可能にしたいとの期待のもとに、影響力のある地位を彼らに与えました。しかし結果は、すべてが「行き詰まり」の状態になりました。完全に統一が欠けていて、何よりも、キリスト教の道徳基盤が必要とされています。利己的な利益や、国としての誇りが唯一の動機ですから、実質的な情勢の進展はあり得ません。

そして現在のところ、実行の欠如と同様に、大した反動もありません。権力の座にある者は、あらゆる階層の政治的信念を代表していて、進歩的な政策においても、多分、それぞれが代表する階層のように、互いに広く掛け離れた立場を採っています。従って勅令は単に勅令であって、国全体が麻痺しています。現状のもとでは、この国の将来がどうなるのかを、定かにすることは不可能です。大使一行の帰国に、多くのことが期待されていますが、まだ何も明白になっていません。

しかし、一つのことは積極的に達成されています、それは、過去の偏見を完全にかなぐり捨て、より次元の高いものへの準備を始めていることです。国全体が、掻き立てられていて、外国の見解や制度が、人々の間でしっかりと理解されてきています。異教徒の制度は、人々の間で、その力を失ってきていて、私は先週の日曜日に、この町の一番大きな寺で、芝居じみた催しが、宗教的礼拝として行われたのを見ました。

確かな筋によりますと、宗教の自由は公に許されてはいないし、イエズス会を恐れて、すべての宣教師たちは、その働きが制限されていると言われています。イエズス会は数において、プロテスタントの宣教師全体をはるかに上回っていて、急速に増加しています。九人の司祭が、大使の一行が戻ってきた同じ汽船に乗っていました。彼らは、横浜に大きな修道院を建てていて、そこに、最も高価な土地をいくつか所有しています。彼らは、人材においても、財力においても不足していません。そして日本は過去の経験から、彼らの影響を極度に恐れています。彼らの過去の歴史は、国中から嫌われた「キリシタン」という名前を生み出しています。そのような状況のもとで、私たちは政府を、現在彼らがためらっていることで、責めることはできません。間もなく改定される条約において、ヨーロッパの勢力という名目のもとに、イエズス会に反対して、例外が設けられることが期待されています。

昨年は、大きく勇気づけられることの多い年でありました。横浜の現地の教会は、数において、力において着実に成長しました。新しい教会(1)が江戸で組織され、遠からず強力な教会になることが約束されています。二つの教会の会員数は、現在およそ六十名で、安息日に集まった会衆の総数は百五十名でした。多くは、国のあらゆる地方からの青年男子で、勉学のために故郷から出てきている者たちです。彼らはこのようにして福音の真理を、この国のあらゆる所にもたらすでしょう。

マルコによる福音書は、既に、第二版が出されており、ヨハネと、マタイによる福音書は現在大量に売られていて、ルカは今改訂されており、間もなく発行されるでしょう。ブラウン博士は既に使徒言行録に取りかかっています。

タムソン氏は、疲れることを知らない、よい結果をもたらす、素晴らしい働き手です。彼はこの二月に江戸に行って以来、信者たちを育て、たいへん興味深い安息日礼拝を行い、それが、今や、一つの教会に発展しようとしています。彼は、キリスト教という宗教について、多くの質問を受けており、さらに、毎日のクラスも持っています。昨年には、旧約聖書の初めの三書を原本から翻訳して、現在、四番目の書を訳しています。

カロザース氏は（彼が教えている現地の学校と関連して）安息日に、バイブル・クラスを行っています。彼は現在、その学校を去っていますが、なお生徒の幾人かは、日曜日に教えを求めて彼の家を訪れています。カロザース夫人は、女子のための学校を開いていて、生徒は十二名から十五名を数えています。最近、およそ二十名に増えています。彼女は、とても興味深い安息日学校を開いていて、私たちの最も馴染み深い讃美歌の、最近改訂したものを、たいへん上手に紹介しています。

日本語の勉強に加えて、私は一年間、毎日非常に興味深くバイブル・クラスを行いました。出席者は、全体で五十名を越えたところですが、一日の平均出席者は二十名以下です。このうち幾人かはキリスト教徒になり、心に蒔かれた種は無駄ではなかったと私は感じています。

私は、安息日学校も始めていて、出席者は、およそ六十名にも増えていたのですが、現地人の礼拝の時間が変えられましたので、やめざるを得ませんでした。でも、道が開かれ次第、直ちに再開するつもりでいます。私は、現在ある程度、現地の言葉で仕事をすることができます。一昨日、この静岡で、キリスト教について学びたいと集まった三十三名のためのクラスを開きました。私たちの行く所いたるところで、話を聴きたいという人たちが多くいて、語られることは受け入れられているようです。

二人の現地の長老[2]たちは説教の旅に出掛けました。それは彼ら自身の望みであり、私たちは、神が彼らの心に、自分たちの国の人々を救うために働きたいという思いを注がれたことを、心から喜んでいます。そのような努力によって、大勢の人々の心を動かすことができることを期待していいます。彼らは、外国人よりも、上手に自分たちの国の人々に近づくことができます。

いろいろな地方からの報告は、とても（文字不明）です。スタウト氏は最近、長崎で三人の改宗者に洗礼を授けました。最近、その宣教の現場に到着したアメリカン・ボードの宣教師たちは、既に三か所で定期的に礼拝を行っていて、多くの者が教えを受けています。彼らは、人々の間で際立って関心のあることについて語り、ときには人々が聴くために家に入りきれず、外で待たなければなりません。彼らには説教をする機会が多くあり、人々の心からの歓迎を受けています。ここ静岡と、横浜の間でも同じです。そうした町の一つでは、宣教師にきて、彼らの所に滞在するように求めています。私は帰る途中、そこでしばらく過ごしたいと期待しています。

現在、十名ほどの青年たちが、牧師職に就くための勉強をしたいと望んでいます。そのためのクラスを、彼らが自分たちの国の人々に福音を伝道する準備ができるように、直ちに開設するべきです。生徒一人を支援するための費用は、年におよそ一〇〇ドルになるでしょう。このことのために、直ちに何か手配をすることが重要です。

私たちにとって、私たちが期待していたような増援がなされないということは、悲しいニュースでした。正しい精神を備え、土地の言葉に精通している男性は、現在でさえ、仕事の多くを見つけることができますが、私たちの仕事はまだその緒にも着いていません。当地での仕事は、間もなく膨大なものになるでしょう。私たちは、直ちに、より多くの人たちを必要とします。毎日、それが据え置きにされていることは、重大な損失です。かつて、良い機会が現在ほど約束されていることはありませんでした。そして(文字不明)が、かつて現在ほどはっきりしていることはありませんでした。仏教の僧侶たちは、国を挙げて、彼らの迷信を追い求めさせることに成功しました。熱心なキリスト教徒は、それに打ち勝ってキリストに導くことができるのです。

敬具

ヘンリー・ルーミス

(1)新しい教会が江戸で組織　この教会は、S・R・ブラウンやJ・H・バラの日本基督公会の教会形成に賛成したタムソンが、七三年二月東京に転居して伝道した結果生まれた教会のこと。七三年九月二十日東京明石町築地居留地六番に創立したもので、東京基督公会といい、のち新栄教会として発展した。

(2)二人の現地の長老　十月八日〜二十八日にかけて、奥野昌綱と小川義綏が上総、下総、千住、府中、八王子等に伝道に出かけている。

(3)スタウトStout, Henry(一八三八〜一九一二)　米国オランダ改革派教会宣教師。一八六八年ニューブランズウィック神学校卒業、同年六月エリザベス・ブロボストと結婚、六九年五月長崎に渡来、七二年八月少年のための塾を始める。七三年九月長崎で瀬川浅をはじめ三人の受洗者を出し、七六年十二月二十五日、十人の成人と二人の幼児会員によって長崎公会を成立した。八七年九月東山学院を開校、スタウトの神学塾は東山学院神学部となる。一九〇六年アメリカに帰る。一一年再び長崎を訪れるが、翌一二年ニュージャージーで死去。G・D・レーマン著、峠口新訳『ヘンリー・スタウトの生涯』参照。

7　静岡へ赴く

横浜　十月二十一日（差出人：夫人）

ラウリー博士

ルーミスが、今静岡に居る理由を説明するのを忘れて、書き落としましたので、私が彼の手紙を補いましょう。彼は絶え間ない学習の影響を感じていて、転地と戸外の運動を必要としていましたときに、クラーク氏(1)のどうしてもきてほしいという強い招きを受けました。私はその旅の疲れには耐えられませんので、彼はコーチェン牧師に同道を依頼しました。

彼は、この国の内陸の様子を知りたいと願い、国が外国人に開かれたならば、宣教の将来の見込みはどのようなものかを知りたいと望んでいました。彼は、国や人々の様子にたいそう満足し、健康も回復したように見受けられます。彼は、月曜日に静岡を発ち、明日には帰宅すると思います。

キャップ夫妻とコロセルト氏は帰国の途上にあり、わが家に滞在中です。彼らは、キャップ氏の病が重いために、汽船を一便遅らせています。

ラウリー夫人とお嬢様方によろしくお伝えください。そしてあなたに心からの敬意を込めて。

敬具

ジェーン・ヘリング・ルーミス

（1）クラークClark, Edward Waren（一八四九～一九〇七）教育者。七一年来日、静岡学校で語学、地理、歴史、数学、物理、化学などを教えた。自宅では学生を招いてバイブル・クラスを開き、宣教医マクドナルドと布教活動を行い、静岡バンドを形成した。七三年東京開成学校において化学を教え、かたわらバイブル・クラスを開き中村正直に感化を与えた。

第二章

横浜第一長老公会の成立と発展

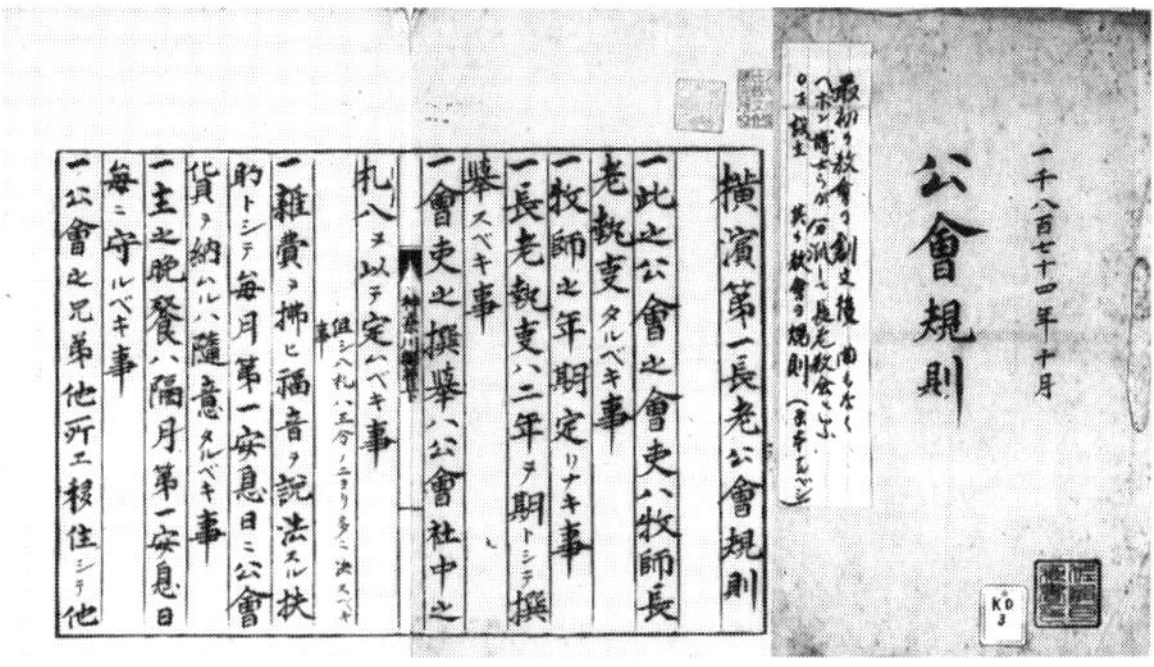
一千八百七十四年十月

公會規則

横濱第一長老公會規則

一此之公會之會吏ハ牧師長老執吏タルベキ事

一牧師之年期定リナキ事

一長老執吏ハ二年ヲ期トシテ撰挙スベキ事

一會吏之撰挙ハ公會社中之札入ヲ以テ定ムベキ事

但シ入札ハ三分ノ二ヨリ多ニ決スベキ事

一雑費ヲ拂ヒ福音ヲ説法スル扶助トシテ毎月第一安息日ニ公會貨ヲ納ムルハ随意タルベキ事

一主之晩餐ハ隔月第一安息日毎ニ守ルベキ事

一公會之兄弟他所エ移住シテ他

横浜第一長老公会規則　東京女子大学比較文化研究所・佐波文庫蔵

1　日本基督長老会の創立、日本語讃美歌の編纂

横浜　一八七四年一月二十二日

ラウリー博士

前回のミッション会議（十二月三十日）で、日本基督長老会[1]と呼ばれる長老会が組織されたのですが、それは中国の大会に連なるべきものです。タムソン氏が議長に、私が書記に選ばれました。

別々に仕事をするという私たちの決断は、改革派に属する少数の人々の側に、ある種の反感を生じさせました。私の知る限りでは、その他の教派の宣教師たちは、その方向を承認しています。神戸の人たちから、このような状況のもとで、私たちが遂行し得る、最も賢明な措置であったとの確認を得ました。

J・H・バラ師の影響を受けて、この国のキリスト者たちは、独立して「キリストの教会」（チャーチ・オブ・クライスト）という新しいセクトを形成することを決議しました。江戸にあるタムソン氏の教会もこの態度を取りましたが、彼らが外国の干渉をたいへん恐れているので、どちらとも、彼はまだ助言していません。もし彼らが、私たちから身を引いて独立するならば、すべての宣教師たちが、彼らに同情し、援助するであろうとの考えに騙されてきていました。

彼らは現在、当地に代表者のいる、異なった団体に懇願をする準備をしています。このことが試みられた後に、彼らは、彼らの方針が間違っていることを、より良く理解できるでしょう。それは私たち同様、彼らにとって、とても不幸なことです。

Ｊ・Ｈ・バラ師はなお、これらのキリスト者たちは、彼の、あるいは、どの教会をも代表していないと言っています。バラ師は、自分自身の教会を去って、この新しい組織を指導したいのです。グリフィス氏は、日本の政府から解雇され、国へ帰ることを約束しましたが、彼（バラ師）の教会や、この新しい組織を支援したいと、教会に頼み歩いています。[2]そのことは、日本におけるキリスト教運動のためには、起こりうる最悪の事態となるでしょう。改革派は、直ちにこのことに気づくべきです。バラ師は、当地で、教会が改革派ボードを代表するものと、公表する権限はなかったと主張しています。それどころか、本国におけるいずれの教派のボードとも、何らの関わりもないと断言しています。

その協議会に出席していた他の人々の見解と同様に、私の考えでは、組織されることになっている基督公会は、それぞれ異なった教派のボードを代表し、彼らの牧師の所属するのと同じ組織に属するものと、公表すべきなのです。私の考えとしては、同一の信仰告白と、教会規則を共有しているのですから、私たちは、私たちが代表する組織から離れることなしに、いろいろな方法で、互いに援助し合えるのです。しかし、Ｊ・Ｈ・バラ師は、異なった計画を進めていて、そのために今のような混乱が起きたのです。しかし、彼はかなりの期間、現地の人々に説教することができた唯一の人でしたから、キリスト者たちが安息日礼拝の恩恵に浴する道を確保するために、私たちが取ることのできた、ただ一つの道でした。終わりには、すべて首尾よく終結するものと私は信じています。もし、バラ師が、彼の教派に、自分の考えをはっきりさせていたならば、現在、何の困難もなかったでしょう。そこで、現地の人々は、自分たちが適正に所属する組織を、自ら選択することができたでしょう。しかし、バラ師が、すべてのキリスト者を代表していると主張していますので、私たちは、バプテスト派や、その他の教派と、同様な状態に置き去りにされています。

しかし、ヘボン博士はこの件に関して、充分にあなたにお書きになっていて、必要とされるさらなる詳細を、多分お伝えするでしょう。

前回の会議で、カロザース氏は『夜明け』(『ピープ・オブ・デイ』)を印刷し始めましたが、費用を払うお金が無いと述べました。その仕事を遂行するために、ミッションの会計から八〇〇ドルを貸し付けることが可決されました。そして、さらに、この貸付金の返済が確実になされるようにするために、私たちの会議の正式な手続きによって承認される、この種の著述を印刷するために、トラクト委員会に二〇〇〇ドルの献金をお願いするように、私があなたを通じて依頼するという決議がなされました。

例の婦人たちが江戸の新しい家に移り住んでから、その家を、彼女たちが住むのに相応しくするために、三〇〇ドルの費用が請求されていることを、遺憾ながらお伝えします。また、その家が大きすぎて、今ある暖炉では家を居心地良く暖めることができないという問題もあります。このようにして、その二軒の家はミッションによって承認された額より一〇〇〇ドル近く多くかかっていて、建てられるべきではなかったのです。細かく手を抜かずに建てる業者はほとんどいないので、多くの憤慨な点を残すもとになっています。

カロザース氏は一行一行といった具合に翻訳を行っています。彼は安息日に六人ほどの神学のクラスを持っていますが、生徒たちの中には教会とは関係を持っていないものや、心の悔い改めを告白していないものもいます。

O・M・グリーン牧師は私とともに生活をしていて、言葉において著しい進歩を見せていますす。彼は現地人や外国人の間で多くの親交を得ています。彼は、私たちの労働力に最も価値ある助太刀となっています。

ミス・ヤングマン(3)は江戸で学校を始めるのに良い歩み出しをしています。彼女は教師としてかなりの成功を収めていて、既に幾人かは彼女の努力により心の悔い改めを告げています。彼女は間もなく、教えられるだけ多くの生徒を集めるでしょう。

追伸　カロザース氏が江戸における仕事について話すためにちょうど来られたところです。江戸での問題について、すべてをあなたに書き送ったと述べています。

礼拝堂あるいは教室は、彼が述べたように、彼と夫人が使用する目的のために建てられました。しかし、彼は今になって、彼らは一緒には働けないし、一日のうちで異なった時間でさえ、同じ部屋を使うことができないとすら言っています。彼は彼の仕事のために、友人たちが別の建物を買うための嘆願書を、私たちに先々週送りつけてきました。しかし彼は今になって別の人々と働きたいと言っています。

問題はカロザース氏という名前と影響だけが、私たちの仕事の障害になっていることです。彼は、江戸にいるすべての宣教師たちと仲違いをしてしまい、そこへ行ったばかりの婦人たちに、彼が提案した計画に従わなければ、彼は、「彼女たちの行く道を可能な限り妨害する」と言いました。彼の乱暴な言葉と勝手な行動は、そこでの彼女たちの生活を不愉快なものにしています。

江戸の現地の人々が、独立の道を選んでいる一つの顕著な理由は、カロザース氏の影響のもとにあることと、いかなることにおいても彼と関係することを好まないことにあります。タムソン氏は、常に彼の干渉に当惑させられていて、彼とともに働くよう強要されるよりは、むしろ、多分私たちの教派を去るでしょう。私たちすべてにとって、彼のような理不尽な人と、平和のうちにやっていこうとするのは、絶え間ない試練です。

ある一人の男性が、サンフランシスコで、O・M・グリーン氏に、「カロザース氏のような人を送り出したので、もはやミッション・ボードには、何の信頼も持てない」と申しました。この男性は、神学校でカロザース氏を知っていました。どこにおいても、彼は悪く言われていました。そして現地の人々も、同じように彼を嫌っているようです。彼と関係している間は、私たちが成功できるとは、私には考えられません。

私はこうしたことを、悲しみを持って述べています。しかし、こうしたことは、私たちに多大の影響を与えていて、（文字不明）お知らせする（文字不明）ように思います。私は、カロザース氏と交際するうえでは、個人的な困難はありませんが、彼と一緒に働くことはできないということは簡単に感じ取れます。グリーン氏とミラー氏は、おもにそのことがあるので、横浜に留まっているのです。彼が私たちと関わっている限り、私たちは江戸で何事もなし得ません。

H. L.

私は、日本語の讃美歌[4]を編纂したものと、初等教育のための本の印刷をする準備をしています。それは、中国人のために整えられたルーミスの本（『ミスター・ルーミス・ブック』）の翻訳です。説教ができる場所を早く確保することを望んでいます。一人の男性が逮捕され、彼の家で礼拝を行ったと言って監禁されましたので、人々はとても恐れおののいています。（文字不明）代理の大臣（文字不明）の暗殺未遂[5]という事件が、今週起こりました。事態はたいへん混乱していて、危険な状態にあります。江戸の外国人たちの間には非常な恐れがありますが、私たちは重大な問題が起きないように願っています。

キリストに在って　H. L.

追伸　逮捕された男性は、ヘボン博士の先生である奥野の娘婿でした。彼は今、釈放されました。万国福音同盟会[6]は、多分その件について何らかの行動に出るでしょう。　H. L.

（1）日本基督長老会　中国の大会に連なる長老会が日本に創立されたことは、日本基督公会の合同教会を形成していこうとする運動が困難になっていったことを意味した。ルーミス書簡では日本基督長老会が七三年十二月三十日になっているが、ヘボン書簡集では十二月二十三日になっていて、ルーミス書簡と食い違っている。

（2）グリフィスGriffis, William Elliot（一八四三～一九二八）ラトガーズ大学卒業後、ニューブラウンズウィック神学校で学ぶ。七〇年、フルベッキの依頼で福井藩の明新館教師となる。七二年東京開成学校（東京大学の前身）で化学を教えた。七四年帰国。帰国後日本の思想、歴史を研究、発表した。『フルベッキ』『ヘボン』『ブラウン』などの伝記を手がける。

（3）ミス・ヤングマンYoungman, Kate M.（一八四一～一九一〇）好善社創立者。師範学校の聖書教師プライン（横浜共立学園創始者）の影響を受けて、一八七三年来日。パーク（タムソン夫人）とともに築地B六番で女学校を設立。七七年十一月に好善社を設立し、さらに伝道と奉仕を目的とする結社をつくり、八四年女子伝道学館を設立したが、八九年辞任。

（4）日本語の讃美歌　『教《おしえ》のうた』のこと。

（5）暗殺未遂　一八七四年一月十四日、征韓派の高知県士族武市熊吉らが、右大臣岩倉具視を赤坂喰違で襲い負傷させた事件。同年七月九日武市ら九人が処刑された。

（6）万国福音同盟会　一八四六年八月ロンドンで設立された。この同盟はプロテスタント各派の相互的な交わりをするなかで、公同的な教会を作るのがねらいである。

2　ゴーブルの解任、ルーミスが説教を開始

横浜　一八七四年三月二十五日

エレンウッド博士

デヴェンポート博士の厚意によって届けられましたあなたの書簡を感謝いたします。あなた

の視力が低下し、体力的に疲れていらっしゃると伺い、非常に心配しています。しかしずっと続かないことを信じて祈っています。

私たちは、宣教の問題でとても混乱していて、どのような結末になるか、分からずにいます。江戸におけるカロザース氏の行動は、すべての婦人たちを疎遠にし、彼女たちの同情は、タムソン氏に協力することへと変えられました。分別と他人に対する適切な思いやりがあるならば、このような事態が起こることは、私には考えられません。それは私たちにとってと同じように、当地の人たちにとっても、困ったことなのです。

O・M・グリーン氏が、ラウリー博士に手紙を書いていますので、こちらの事態について、氏の見解が伝えられるでしょう。確かな拠り所として、彼の見解に信頼を置くことができるでしょう。彼は、私が日本で出会った人々のうちで最も思慮分別があり、頼もしい人物であると私は思っています。彼と同じような人が、より多くいたらと願っています。ミセス・ルーミスと私にとって、彼を家族に迎えることはとても喜ばしいことです。彼は親切であり、思いやり深く、何の問題もありません。日本語の習得にも素晴らしい進歩を見せ、人々の間にも人望があります。

ゴーブル[1]氏がバプテスト・ボードから解任されたと伺い、私たちはとてもほっとしています。彼の世評と影響は、私たちの働きにとって絶え間のない妨げでした。宣教師たちの最も古株の一人として、彼は非常に広く知られていました。こうした異教の人々に、宣教師たちがいかに細かく観察されているか、そしてすべての犯した過ちが知られているのは驚きです。日本はこの点において、運が良くありません。そして宣教師の名前が特に尊敬されていないのは、理由がないわけではありません。

基督公会の動きに関して、アメリカン・ボードの宣教師たちがどうするのかは、まだ決定されていません。神戸のD・C・グリーン博士は今こちらにきていて、現在、当地のある組織と、彼らが協力できるか否かを多分決めるでしょう。

私は現地人の町で、説教をするようになりました。そのことをたいへん楽しみとしています。そして実りの多い宣教の場となるようにと望んでいます。私たちの昼間の学校も、安息日学校も、人数が増えてきています。昨日、青年十七人のバイブル・クラスを行いました。へボン夫人は、彼女の生徒のうち、あと十二人ほどを、間もなく私たちに引き渡したいと願っているものと、私は思っています。

これ以上の事柄についてはD・C・グリーン氏に任せて、いずれ興味深いことが起こりましたら、再び便

ゴーブル　東京神学大学図書館蔵

りを書きましょう。

キリストに在って　ヘンリー・ルーミス

（1）ゴーブルGoble, Jonathan（一八二七～九六）　バプテスト派宣教師。一八五一年M・C・ペリーの日本遠征に参加、ミシシッピー号乗組員として琉球、浦賀、横浜、下田、函館に上陸する。ベッテルハイムの影響を受けて日本伝道を志し、五九年バプテスト教会（ABFMS）の宣教師となり、翌年四月に来浜。七一年『摩太福音書』を刊行。七三年横浜第一浸礼教会を設立、書記になる。七九年よりアメリカ聖書協会聖書販売人となる。川島第二郎『ジョナサン・ゴーブル研究』参照。

3　第一回日本基督長老会の開催、信仰告白の準備

横浜　一八七四年四月十四日

ラウリー博士

私たちは最近、第一回日本基督長老会を開催しました。そしてそれは特別に興味深いものでした。私たちは、事態についてますます同じ見方ができるようになってきていて、将来、私た

ちの働きのすべてに、心からの協力が得られると信じています。

基督公会の問題が再び動きだしていて、ほとんど全員が一致して、何かこの種のことをするのが、とても望ましいと感じています。現地の人々の教会を、分割することは不可能です。それは彼らが、私たちの宣教師たちに抱いている愛着と同じものを、改革派ボードの人たちに対しても抱いているからです。彼らはなお弱く、概して貧しく、お互いに親密に結びついています。

共通の信仰告白と、誓約と、礼拝様式と、教会規則を持つことが、最良の方策であると現在考えられています。そのうえで各ミッションは、牧師職や、学校、教会に、それぞれ各自の志願者を持つことになるでしょう。そしてキリスト教徒たちは、あちらこちらと移っていきます。彼らは、自分たちにより便利な組織と結びつくでしょう。

O・M・グリーン氏と私は、一般に採用されるように提案しようと信仰告白の準備(1)を完了したところです。私たちは、仕事を行うための一定の規則も整えようとしています。それらがまとまり次第、写しをあなたにお送りするつもりでいます。

長老派の会議で、次のような動議がヘボン博士から出され、採択されました。「既婚の宣教師たちは、彼らが今受けている報酬が、厳しい節約なしには必要経費に見合わないので、日本における他のミッションの人々が受けている報酬と、我々の報酬を同等にするため、二十パーセント増額することを、委員会に要求することを決議した。」
江戸にある家の管理について、グラハム夫人が干渉したことによって起こった問題を、あなたは多分ご存じでしょう。一人で住むにはあまりにも大きかったので、ミス・ヤングマンとミス・ガンブル(2)が直ちに住んで、学校を始めるべきであると決定されました。ミス・パークも手伝い、結婚後、かなりの時間教えることが期待されていました。しかしグラハム夫人は、ミス・ガンブルの協力はないにちがいないし、ミス・パークは結婚することによって仕事から降りるでしょうと、手紙に書きました。

　この問題は、ミス・ガンブルからの手紙によって長老会に提出されました。そして、江戸にあるホームが、この長老会といかなる関係にあり、グラハム夫人の指示を、私たち自身の見解に優先して遂行すべきであるのかどうかを確かめるようにと、私が依頼されました。ミス・ヤングマンは、既に素晴らしい学校を持っていますが、それを一人で管理して、その上に日常の仕事を果たすことは不可能です。それなのに、ミス・ガンブルはする仕事がなくて、ミス・ヤングマンは荷を負わされ過ぎることになります。

　タムソン氏は、何が最良の方策であるかについて、私たちの幾人かと見解を異にしていますが、彼はすべての事柄において非常に良心的に行動していて、すべての宣教師の中で最も高く尊敬され、成功している牧師職の働き手なのです。彼は言葉についても最良の話し手であり、教えること、説教すること、翻訳において、彼はことのほか根気強く働いています。基督公会についての彼の見解はいくらか変わりました。そして彼は今、ミッションの他の人々と（多分カロザース氏を除いて）、心から一致しています。

予期されている彼とミス・パークとの結婚は、誰からも非常に幸せな組み合わせだと見なされています。私たちは、二人は一人でいるよりもずっと、彼らの仕事に適していると信じています。彼らは互いに似合っていて、その成り行きに誰かが疑問を持つことは、私たちを悲しませることです。

ヘボン夫人の学校は、これ以上は、入学申し込みを断らなければならないほどに大きくなっています。通常の出席者は、およそ三十人か、それ以上です。Ｏ・Ｍ・グリーン氏と私が指導している学校も、とても有望です。日ごとの出席者はおよそ二十名です。聖書はおもだった学科であり、私たちは、示される関心の深さにたいへん励まされています。私たちの安息日学校は六十名を越えています。

Ｏ・Ｍ・グリーン氏が宣教の働きにおいて優れた資質を持っていることを申し上げなければなりません。彼は、顕著な敬虔さ、博識と常識を備えた青年です。日々の友人として、宣教師として、高慢なところは全くありません。彼の命と健康が許すならば、この分野で彼は高い地位を占めるように運命づけられています。

私は説教所を開設しましたが、そこでまことに多くの励ましを得ています。私の教師は洗礼を受けたいと望んでいて、彼は真剣であると私は信じています。彼は福音を聴いてから数か月しかたっていませんが、家庭内で日ごとの祈りを行っていて、他の人々をキリストに導くために多くのことを行っています。

愉快なことではありませんが、長老会においてカロザース氏について示された苦情を、私がお伝えするのが多分一番良いでしょう。それは、他の宣教師たちが仕事の上で彼に協力することを拒んだという意味です。彼は、もし彼らが協力しないならば、宣教の仕事のこれ以上の努力を直ちにやめ、さらに夫人の学校も閉じると述べました。

カロザース氏が、他の宣教師たちに、彼に対する苦々しい感情を起こさせるような態度をとったので、長老会が統一を図ることは不可能でした。カロザース氏は、事態を変えるために何かをなすべきだと考えていたようですが、私たちはそうはしませんでした。あなたは、これが、横浜にいるすべての宣教師たちの考えを正確に示すものであったと（文字不明）。バプテスト派は、江戸の現地の人々の住む地域に家を確保しました。タムソン氏は近々、家を一軒持ちたいと望んでいます。

キリストに在って　　　　ヘンリー・ルーミス

（1）信仰告白の準備　日本基督長老会の成立は、信仰告白の作成へと進んだ。従来この時期における長老派の信仰告白は、日本プロテスタント史のなかで明らかになっていなかったので注目すべきものである。

（2）ミス・ガンブルGamble, A. M. 一八七三年来日、同年十二月ヤングマンとガンブルが築地B六番に移り私塾を経営したが、ヤングマンとの折り合いが悪かったこともあって、働く意欲をなくし、一八七五年ミッションを辞任した。

4　洗礼を望む者三十名

横浜　一八七四年五月三十日

エレンウッド博士

あなたが来訪される目的を書いた手紙をちょうど受け取りました。あなたにお会いでき、おもてなしできますことは、とても幸せです。あなたが、こうした宣教の現場を訪れ、ご自身でご覧になることはまことに大切なことです。

私が携わっている祝福された仕事について、お話しする時間は今ありませんが、次回の便でその詳細についてお伝えしましょう。この国には、それほどのものは今までありませんでした。

それは神の恵み深い働きであり、私たちの目には信じがたいものです。私のもとには今、洗礼を望む者が三十名ほどいます。関心は大いに増しているようで、私の手は仕事でいっぱいであり、心は喜びに満ちています。多分ダッジ氏が、あなたに、そのことについて話されるでしょう。私は、これがより速やかにあなたのもとに届きますよう、我が国のイングリッシュ・スティーマー号でお送りいたします。取り急ぎ。

敬具

H・ルーミス

追伸　できる限り速やかにお発ちになり、できるだけ長く私たちの所にお留まりください。もし八月においでになるのでしたら、中国の大会を逃されることになるでしょう。H・L・

5　教会設立の動き、D・C・グリーンが聖書翻訳のため来浜

横浜　一八七四年六月五日

エレンウッド博士

前回の手紙で、私たちの働きに関連して現在行われている興味深い仕事についてお話ししましたが、より詳しくお伝えしようと思います。

Ｏ・Ｍ・グリーン氏と私がこの二月から教えている学校は、平均出席者がおよそ二十名に増えました。私たちは最初から聖書の中の教えを教育の特別なものとしてきています。四月に生徒の間で、彼らの心に聖霊の働きが実証されるような、はっきりした厳粛さが見られました。幾人かは既にキリスト者としての生活を歩み始めているのを知ったことは、大変な喜びでした。彼らが洗礼を受けたいと希望しましたので、私はまず彼らに十分な教えを与え、教義問答を教育するクラスを設置することが良策だと感じています。これは四週間前のことで、幾人かは既に日本語で子供の教義問答のすべてを暗記しています。彼らが真理を探求する熱心さと彼らの理解力の速やかさはたいへん満足するものです。

正規の生徒のほとんどはこのクラスに在籍していて、その勉強は現在に至るまで伸び続けてきています。私たちは当初この大きな変化には何か自己本位の目的があるのではないかと恐れましたが、これは聖霊の純粋な働きによるのだとますます確信しています。先週金曜日の夜の集会で集まった者たち皆が祈りをなし、彼らの祈りの内容は特に適切で真剣でした。私はある者たちには依頼をし、他の者たちは自発的に参加しました。それは、私にとって特別に厳粛でありー興味深いものでした。これらの青年たちは他の者たちにも増して、私たちの仕事を将来遂行するのに手助けとなります。

私は最近こうした生徒たちの一人の家を訪問し、とても親切に歓迎されました。その父親は、自分は新しい宗教を学ぶには年老いすぎているけれども、息子にはあなたの教えに従ってほしいと願っていると申しました。彼はまだ家に多く偶像を置いていて、つい最近までは息子がキリスト教徒になることに同意しようとはしませんでした。しかし、彼は現地人の教会の長老を訪ねて、「自分には判断しかねるが、あなたがそれを最善と考えるなら、息子が洗礼を受けても良い」と申しました。

生徒たちのほかにも幾人かが、私の礼拝説教に出席していて、彼らは教会に受け入れられることを望んでいます。そして彼らの誠実さを明らかにしています。彼らは教義問答のクラスに加わっていて、神聖な真理を学ぶことにかなりの進歩を見せています。一人は全盲ですがとても真剣で、キリスト教教義について聡明な見解を示しています。各礼拝の終わりに、彼らが聞いたり読んだりしたことについて質問の機会を与えていますが、教えられたことについて彼らがいかに注意深く考えているかを知って、いつもたいへん喜ばされています。

そして、さらに別な喜びの機会もあります。私は安息日にヘボン夫人の学校で最上級の青年たちに教えています。彼らの多くは神に仕える目的の意思表示をしていて、キリストへの信仰を告白したいと望んでいます。私は彼らにキリスト教信仰の勤めについて、救いの道についても教えています。彼らの多くはやがて教会に受け入れられるものと信じています。彼らは非常に好奇心の強い聡明な青年たちであり、学びたいと切望しています。彼らの幾人かは、自分たちの名前を書くことから始めて六か月もしないうちに文章を読んだり書いたりすることを学びました。

一、二か月のうちに私は新しい教会を組織したいと望んでいます。そこで私は責任者になるでしょう。その折には多分あなたはここにおいでになり、礼拝にご出席くださるでしょう。まず何人を受け入れるかまだ決めていません。現在のところおよそ十五名あるいは二十名は心配なく受け入れられると思っています。願い出ている者の総数は三十名を越えています。

そのような素晴らしい祝福が私たちの心を感謝と喜びで満たしています。実際、驚いたことには、人々の側において、真理を受け入れる時が満ちていることが示されているのです。当地は特別に魅力のある宣教の場であると、私は常に感じてきました。私たちは神の力のより大きな証拠と、お仕えする準備の整っていることを見ることができるようにと信じ祈っています。すべては神のものであり、神に栄光がありますように。

この国は動揺していて不安定なひどい状態です。外国人たちは、以前にも増して制限されていて、旅行許可は現在否認されています。条約の改定については全くの一時休止になっています。そしていつ再開されるのか誰にも分かりません。台湾との戦が、国のすべての注目と活動力を吸収しているように見受けられます。それはとてもいかがわしい計画でありましたが、なお、国のある一部に存在している流血ざたの願望を満足させる何かを求めている一派によって推し進められたのです。

しかし、あらゆる妨害にもかかわらず私たちの仕事は続いています。神は真理への道を備えておられ、福音を学ぶ者たちは勉強しています。一つの教会が神戸でようやく創立されました。また別の教会がアメリカン・ボードの責任のもとに大阪で建てられました。両方の地域には大きな関心があり、宣教師たちは大いに勇気づけられています。

神戸のD・C・グリーン氏（ミセス・ルーミスの兄）は、聖書の翻訳をしているヘボン博士とブラウン博士に協力するために、来週横浜に移転してきます。彼は優れた学問のある人で、言葉をできる限り速やかに訳すことに心から興味を抱いています。ヘボン博士の言によれば、まだ刊行されていない聖書の部分のすべては、もともとヘボン博士によって準備されたものです。ブラウン博士は改訂を単に手伝ったのです。ブラウン博士は現在使徒言行録の翻訳にかかっていて何章かを終えています。これは彼だけに任されています。ここまで翻訳された聖書は、「ヘボン博士の助力で」なされたブラウン博士の働きであるということは（アメリカではそのように報告されていますが）、真実ではありません。ヘボン博士は、現在、最後の改訂待ちをしている使徒書簡の数通を訳されました。

去る十一月にニューヨークから送られた荷物は一両日のうちに配達されるでしょう。私たちは少なくとも一年前に受け取りたかったのです。一八七三年の三月からミッションの部屋に置きっ放しにされていたのです。

リード・ストリート五八に住む、Ｊ・Ｎ・スターンによって発行された『禁酒を説く者』（『ザ・テンペランス・スピーカー』）を一冊、カトラー氏に郵便で送らせていただきたいのです。私たちのために出費された各年の費用すべてにつき、計算書も送っていただきたいのです。それは完全な形で財務係に送付されなければなりません。注文を出した通りに『ハーパーズ』誌を受け取っていません。それはボードに一八七四年五月まで支払ってあるのですが、昨年の十一月で止まっています。もしカトラー氏が今年の注文を行っていないのであれば、今それをする必要はありません。私はどこかほかで手に入れるつもりです。でも彼にまだ受け取ってない号について確かめてもらってください。

五週間ほど前に、かわいらしい小さな娘を授かりました。母子ともに健康です。

近々お目にかかれますことを期待しつつ。

キリストに在って　　　ヘンリー・ルーミス

D.C.グリーン　日本キリスト教文化協会蔵

6　宣教師の住宅問題

横浜　一八七四年六月二十三日

ラウリー博士

　あなたに直ちに解決していただきたい特別な疑問が起こりました。最近いただいたあなたの手紙の一通に、江戸の家のために三〇〇〇ドルが承認されたので、「計画を進めるように」と書いてありました。しかし土地の購入については触れられていませんでした。その種の追加出費をしないように指示されていましたので、前記の金額は両方を含んだものと思っていました。

　しかし、タムソン氏は年契約で（日本人の名前で）借りられる土地を見つけ、全資金を家につぎ込みたいと言っています。もちろんそのような財産を持つことは危険もあるでしょうし、その財産を放棄せざるを得なくなるかもしれません。いずれにせよ、カロザース氏が建てたような建物をこれ以上承認するわけにはいきません。それらの家はアメリカでほとんどの牧師が持つことができないような家であり、まさに物議の種なのです。

　しかしアメリカン・ボードの宣教師は二〇〇〇ドル以上かかった家に住んでいます。その建物はD・C・グリーン氏が初めて神戸に行ったときに建てたもので、当時彼はどのように建てたらよいのか知りませんでした。二二五〇ドルかかりましたが、いまでは二〇〇〇ドルで建てられると彼は考えています。ほかのすべての家族たちは三〇〇から一二〇〇ドルの費用をかけて改修した現地の家に住んでいます。商人や外交官たちの真似をすることは、彼らの目的でも望みでもありません。

D・C・グリーン氏は今、横浜に移り住んでいます。間もなく建てることを提案しています。彼は横浜に二〇〇〇ドルで六人家族に充分な家を建てるつもりです。江戸よりもここに良い家を持つことはより重要なことです。タムソン氏が選んだ土地は外国人たちからは遠く離れていて、どのような家でも現地人の建物と比べて際立って良く見えるでしょう。

カロザース氏はミッションからの何の許可もなしに二軒の家に約一〇〇〇ドル費やしました。彼はミッションの名前で契約しましたので、私たちは当事者たちが損失を被ったり面目を失ったりしないか、注意するのが私たちの義務だと感じています。しかし将来そのようなミッションの資金の浪費を避けたいと望んでいます。

私自身の家は二五〇〇ドルで建てられました。私たち二人は充分に満足していて、私の妻は今では江戸の宣教師たちと取り替えるようなことなどはしたがらないでしょう。私は宣教師家族の家はこれ以上高くすべきであるとは考えません。そのような家は当地の家々と比較してもはるかに良いものとなるでしょう。ウィリアムズ[1]師とすべての聖公会の宣教師たちは現地の家を使っています。現地の家は他の宣教師たちの家と比べ半分以下の価格で建てたり借りたりすることができます。

ヘボン博士は昨夜、もしボードがタムソン氏の家に三〇〇〇ドル出したのであれば、それを彼に与えるのが一番良いと思うとおっしゃいました。しかし、私はそうすることが宣教の働きのために与えられたお金の適切な使い方だとは思いません。すべての宣教師たちに快適な家を提供することに私は賛成です。しかし彼らが高い地位にあり、仕事に対して高額な報酬を得ている人々が住んでいるような家より高価な家を望むのであれば、私はそのようなことを承認できません。大学の教師たちに政府が建てている家は、カロザース氏の家よりはるかに安価なものです。

このような問題であなたを煩わせて申し訳ありません。でも私たちの宣教師たちがここで、他の人たちや、あるいは本国で彼らができるよりはるかに良い暮らしをするようなことは、間違いであるように思われます。私は現在の俸給と現在の住まいに満足しています。私は快適に生活ができますし、それが私の望むすべてです。

日曜日から一週間のあいだに、私は十五名ほど、多分それ以上に、洗礼を授けることを期待しています。さらにほぼ同数の人々がいますが、教えることが残っているために延期されるでしょう。翌月にそれらの人たちの教会を組織するつもりです。神は私たちの働きを大いに祝福してくださり、私たちは神を賛美しましょう。すぐに私は（文字不明）教会の建物が必要になるでしょう。現在私たちはすべての仕事にヘボン博士の施療所を使用しています。

キリストに在って　ヘンリー・ルーミス

（1）ウィリアムズWilliams, Channing Moore（一八二九〜一九一〇）日本聖公会初代主教、神学博士。一八五六年、J・リギンスとともに清国に遣わされたが、日本の開国にともない五九年六月長崎にくる。六五年「シナ及び江戸監督」に任ぜられ、六九年主教座を武昌から大阪に移し、日本布教に力を注いだ。七二年大阪英和学舎を建て、七四年現在の立教学院を設立、日本の専任監督となった。

7　ヘボンの施療所で十人に洗礼、新潟から宣教師の要請

横浜　一八七四年七月三十一日

ラウリー博士

仕事（以前あなたにお書きした件の）は首尾よく行っています。私たちは人々の間で関心が高まっていることや、キリスト者として告白した人たちの誠意や堅実さを見るにつけ、喜びを常に増し加えています。

私は今月の第一安息日に、十人[1]に洗礼を授けました。九人はO・M・グリーン氏と私の学校の生徒です。（ヘボン博士は、初めの一か月だけ、私たちを助けてくださいました）。他の一人は私の教師です。これらの人たちは、知識とキリスト者としての経験について、宣教師たちから試問を受け、結果は充分満足なものでした。他の数人の者たちは、間もなく洗礼を授けられるとの期待のもとに、現在教えを受けています。（生徒の父親の一人が、他の者たちには洗礼を授けたのに、彼の息子を除外したとたいへん立腹していたことを、私は知りました。しかし、彼に、儀式の性質について説明したところ、彼はとても安心したようであり、間もなく彼の息子がキリスト者になれると信じています。）

私は江戸湾を渡って、その地で働きを開始したいとの思いをもって旅をしてきました。しかし、私たちは役人にとても厳しく監視され、人々と接触することが不可能であったので、現地の視察だけをして戻ってきました。しかし、数人の知人を得て、私たちの働きに障害がなくなるときに、そこを訪れたいと望んでいます。

私は、私の説教を聴いてくれた人々の一人を訪ねました。彼はここから六マイルほどの田舎に住んでいます。近所の数人の者たちや友人たちが御言葉を聴くために集まりました。そして一日をとても快く過ごしました。帰途、私は聴衆の一人が村の学校の教師であり、彼は他の二人と夜に同じ場所に集まり、聖書の勉強と教義をさらに学んでいると聞きました。

受洗した者たちや、洗礼を志願している他の者たちの指導は、私に大きな喜びを与えています。聖書の学びにおいて、彼ら以上に、聡明な生徒に今までに会ったことがありません。彼らが真理を理解する力はまことに著しいものです。最も有望な幾人かは、既に、彼らの目的は福音を説教することであると明言しています。何人かは彼らの友人の間で、今、良い宣教の働きをしています。もし、私たちがその働きを続けるように準備することができれば、間もなく神学教室を開始することができるでしょう。

西海岸の新潟で、（文字不明）宣教師をぜひ必要としているとの知らせを、今、受け取りました。ブラウン博士が一年近くそこに滞在して、福音を聴きたいという願いを喚起しました。一人のスコットランド人がその地方の学校で昨年来教師をしており、彼はキリスト者ではないのですが、生徒たちから聖書の授業をするようにとしきりに催促されました。彼は今、当地を訪ねてきていて、何人かの宣教師がそこに行って住むように切望しています。ラトガーズ大学からワイコフ[2]という人がそこで教えるために赴こうとしています。彼は熱心なキリスト者で、現場で宣教師として（文字不明）望んでいます。そこは大

S.R.ブラウン　*A Maker of the New Orient.*から

きな都市であり、日本で最も裕福な地方の中心的な町です。西海岸で開かれている唯一の港でもあります。

O・M・グリーン氏はその地に行くことを真剣に考えていました。しかし、私たちの前には当地での極めて重要な仕事がそれぞれにあります。暑い季節が過ぎたら説教をしばしば、多分毎日行いたいと望んでいます。私たちの学校は前の学期に神の祝福を豊かに与えられましたので、再び開設したいと期待しています。正規の出席者はキリスト者かあるいは真理の熱心な探求者です。現在の受洗志願者の人数は受洗した者の数よりはるかに多くいます。間もなく二十五人の会員になるでしょう。

エレンウッド博士にお目にかかりたいと願っています（一行文字不明）。神がこの人々になさることはすべて（数文字不明）。改革派のミッションは、十二人の青年を（文字不明）、国のあちこちに派遣していて人々に説教しています。これは、彼らの神学の授業で、今は休暇中です。カロザース氏は一人の改宗者に洗礼を授けたと聞いています。ミス・ヤングマンは、私たちの生徒のうち、あと二人が次の安息日に受洗するであろうと書いています。

キリストに在って　H・ルーミス

（1）十人に洗礼　七月五日、横浜居留地三九番へボンの施療所にて、ルーミスから洗礼を受けたメンバーは次の通りである。山家篤三郎、坪内茂、原猪作、山口準之助、鶴徳次郎、鶴儀三郎、篠原誾三《ぎんぞう》、太田留助、角谷省吾、石原保太郎であった。またこの直前の六月二十四日、カナダ・メソジスト派のコクランから洗礼を受けた南小柿州吾を、コクランが東京に行くことになったので、ルーミスに託したといわれている。

（2）ワイコフWyckoff, Martin Nevius（一八五〇～一九一一）　米国オランダ改革派教会宣教師。七二年ラトガーズ大学卒業、グリフィスの後任として来日、福井の中学校で二年間教える。かたわら聖書の講義をして雨森信成らを輩出、七六年東京大学予備門の教師。一時帰国、八一年再来日。横浜で先志学校創設、八三年築地大学校と合併、東京一致英和学校となり、八七年明治学院となる。ワイコフは化学、物理の教授となって活躍した。

8　信仰告白の採択、日本基督公会の破綻

横浜　一八七四年八月十三日

ラウリー博士

六月十九日の貴簡を受領し、興味深く拝読しました。ミッションによって準備されて用いられている信仰告白に関して驚きを述べていらっしゃいますが、それが正統でないかどうかの判

断ができますように写しを一部お送りします。それは一八七三年一月にミッション会議において満場一致で採択されました。(マッカーティー博士とシーダー博士も出席されていて、承認なさいました)。原文は紛失しましたが、これは数語の違い以外変えてありません。これは翻訳されて一般配布用の冊子に印刷するように、私が手配しました。

カロザース氏は以前の彼の行為を捨てて、信仰告白の私たちが作成した版の出版を提案するものと私は信じています。しかしながら、ヘボン博士がその信仰告白を自分が翻訳する資格があるとは感じていない以上、カロザース氏がそれを試みることは無用なことです。彼の編纂した『夜明け』(『ピープ・オブ・デイ』)は皆にとってたいへんな失望でした。他の版が既に企画されています。私が横浜におけるその仕事の取り扱いに当たっています。一月以来の収入は二、五〇ドル(原文のまま)です。並外れた値段(七五セント)は人々の手の届く範囲を越えていますし、文体は私が今までに見たものとは違っています。

ヘボン博士や他の人々から、基督公会の計画は実質的に断念されたとお聞き及びのことでしょう。しかし、タムソン氏はなお固執しているようです。皆と同様、私の望むところはボードの意向に反する行動をしないことです。その仕事は私が期待していた以上に(文字不明)、分かれて仕事をすることが最良のように見受けられます。日本基督公会は私が来る以前に形成されていましたので、しばらくは、その組織とともに働くことが最善と思われました。当時、現場に入るにはそれ以外可能ではありませんでした。

現在はより自由が与えられていて、別々な働きを計画することができます。私は今週新たな伝道地を神奈川に開設しました、そして、そこが有望なことに大いに勇気づけられました。そこで今朝二時間近く説教をしてきました。そしてその説教をさらに推し進めるように私の教師を残してきました。私がそこに出掛けたのは二度目であり、聴衆の数は二十人近くでした。彼らは熱心に傾聴し、多くの質問を持っていました。

私はこの町の現地人の地域で毎週二晩礼拝を行っています。これまで私が使用していた場所はとても狭いのですが、間もなく、より良い所を確保できるように期待しています。私が洗礼を授けた青年たちはこのことに関心を示していて、場所を探す手伝いをしてくれています。

宣教の機会の多さから見て、ボードによる日本における宣教師の数の決め方は、悲しいかな間違えています。良い宣教師を今日の日本ほど必要としている所はありません。成長過程にある最も重要な当地での働きを残して、新潟に行くことを私は真剣に考えました。あの大きな重要な宣教の現場に、まだどこのプロテスタントのミッションも進出していません。もしそれが最善と見なされるのであれば、私はいつでも行くつもりです。

聖書の翻訳の仕事は、優秀な人々の時間と労力をこれから幾年も必要とするでしょう。現在、最も能力のある五人がその仕事に携わっています。それは単に神の御言葉を訳す仕事のみではありません。宗教的な考え方を伝える媒体を構築する仕事でもあるのです。最も重要な、多くの真理を伝えるためには、言葉に比べられるものはありません。最も大きな困難な問題は（数文字不明）、それは「悪魔」の働きに等しいのです。

（宣教の目的にとって幸いなことに、ゴーブル氏はミッションの名簿から削除されました）。最近当地に着いた者たちの数人は、現地の人々に説教をすることについては大したことができないでしょう。言葉は、年齢の進んだ人たちには、その方面で特に才能がない限り、習得するには難しすぎます。

神戸と大阪にあるアメリカン・ボードのミッションは、活発で最も優秀な人たちの集団です。彼らは最も優れた働きをしていて、ベリー[1]博士の影響と働きを得て、現在、その地方の大きな部分を宣教のために開拓しました。そこは陸路で三〇〇マイル、海路ではそれ以上離れています。彼らと私たちの居る所との間には数百の町があり、数百万の人々がいます。

日本のこの地方にいる有能な人間の数はとても僅かです。私は常に、自分にでき得る仕事の倍を抱えています。そして、これ以上望みのある仕事はないのです。若いキリスト者たちは、既に良い宣教の働きをしています。この国は、その本当の中心へと動きつつあります。

とても不思議な摂理によって、福音の敵たちは（最近の論文の中にある、私たちの表現を使うと）、彼らのもとに帰ってくるブーメランを投げているのです。しかし、つい最近、聖書とキリスト教に対して、最も侮辱的な著述が政府の承諾を得て出版され、広く配布されました。それは以前には意識したことのない論題について関心を喚起しました。そして、その結果として、江戸にある現地の会社が、マーティン博士の[2]『キリスト教証拠論』[3]（『エヴィデンス・オブ・クリスチャニティ』）を発刊しています。間もなく『天路歴程の神学』（『セオロジィ・ピルグリムズ・プログレス』）に関するネヴィウス博士の著作と、驚くことに『エイリルスによる仏教講話』（『エイリルス・レクチャー・オン・ブディズム』）も出されるでしょう。これらは、真理を普及するための著作であり、このようにして、人々の前に示されることによって、多分大きな影響を及ぼすでしょう。

政府はミッションにこのような著作を印刷することを許していませんので、彼らはカロザース氏のところへ検討するように持ってきました。そして、それらは彼の（数文字不明）で発行されています。

エレンウッド博士が（数文字不明）。彼が当地にいらっしゃる間に、私たちは教会を組織したいと期待しています。そのときまでに、およそ二十人の会員になるでしょう。あるいはそれ以上でしょう。

キリストに在って　　H・ルーミス

信仰告白(4)

（一）私たちは、唯一の生きている真の神を信じます。神はその知恵と、力と、神聖と、義と、慈愛と、真理において、無限であり、永遠であり、一定不変であり、すべての創造主、保護者、統治者であり、父である神、子である神、聖霊である神であり、これらの三者は一体の神であり、本質において、力において、栄光において、同じであることを信じます。

（二）私たちは、旧新約聖書は、聖霊によって動かされた神聖な人々によって書かれ、信仰と実践との誤りのない、唯一の規範であることを信じます。

（三）私たちは、神が、私たちの祖先、アダムとエバを聖なるものとして造り、そして、彼らは不従順によって罪人となり、当然な罪の宣告を受け、罪と死のうちに、その子孫をおとしめたことを信じます。

（四）私たちは、神は、計り知れない慈愛のうちに、その独り子イエス・キリストを遣わされることを通して、救いの道を与えたまい、キリストは天よりこの世に下り、身をおとしめて人となり、その苦しみと死によって罪に自らを添わしめられたことを信じます。そして、悔い改めて、主イエス・キリストを信じるすべてのものに惜しみなく救いが与えられ、主の義によってのみ、私たちは救われるのであって、私たち自身の功によるのではないことを信じます。

（五）私たちは、私たちに罪を自覚させて（文字不明）救い主に導く我が心の内なる聖霊の働きにより、キリストの死を分かち合うものとなることを信じ、そして、（文字不明）キリストを信じ、自らの（文字不明）を悔い改める者の（文字不明）を新たにし清める、（文字不明）。

（六）私たちは、聖霊によって新しくされた者たちが、罪を捨て、聖なる道を歩むことを信じます。

（七）私たちは、キリストによって制定された聖礼典は、洗礼と、聖餐であることを信じ、洗礼は信じる者たちと、その子供たちに施され、聖餐は、主の使徒たちにより受けられるべきものと信じます。

（八）私たちは、キリスト者の安息日は、神が定めたまい、絶えず守るものであることを信じます。

（九）私たちは、終わりのときに、死者は呼び出され、キリストが世のすべてを裁きたまうことを信じ、邪悪な者たちは、終わりのない罰におとしめられ、義とされた者は、永遠の命に入ることを信じます。

（1）ベリーBerry,John Cuting（一八四七～一九三六）　アメリカン・ボード宣教医。一八七一年フィラデルフィアのジェファーソン医科大学卒業、翌年マリーと結婚、同年六月来日、神戸で施療所を設けた。神戸監獄を訪ね重病者の治療を行い、「獄舎報告書」を書き、翻訳されて内務卿大久保利通の目にとまり、監獄改良運動の契機となった。九三年に日本を去るまで医療伝道、医学校、病院、看護学校の設立の計画などに従事した。

（2）マーティンMartin, William Alexander Parsons（一八二七～一九一六）　米国長老派教会宣教師。インディアナ大学卒業後、ニュー・オルバニーの神学院卒業。中国伝道に関心をもち、一八五〇年寧波に入った。米国長老派教会の宣教師D・B・マッカーティーが寧波で伝道の基礎をつくり、さらに伝道の進展を願って伝道会本部に宣教師の派遣を要請、それに応じて、五〇年寧波にマーティンが入った。彼は中国人布教書の刊行を思い立ち、数多くの著作を出版した。

（3）『キリスト教証拠論』　この書物は、『天道遡源』という書名で一八五四年に中国で刊行された。マーティン博士が、『キリスト教証拠論』に基づいて書いた中国の布教書で、出版後日本に数多く入ってきた。

（4）信仰告白　この書簡に現れているように、一八七三年一月に信仰告白が満場一致で採択されたと報告されている。これは翻訳されて一般配布用に印刷されたが、今までその原文と翻訳されたものが発見されずにきたが、このルーミス書簡で初めて長老派教会の信仰告白が明らかになった点で、重要な意義を持つものである。なお、信仰告白とは、何を信じ、告白するかをあらわすもので、教会の信仰の基準を明らかにしたものである。

9　礼拝堂の土地確保

横浜　一八七四年九月二十九日

ラウリー博士

先便で受領しました貴信に、「学校と礼拝堂」のために、カロザース氏に援助金の追加をなすようにとの提案があります。七三年六月の貴信を参照いたしますと、お金は既に「学校と礼拝堂」のために与えられていることが、お分かりいただけるでしょう。新しい場所も築地にあり、ボードによって既に与えられた所から、約二区画しか離れていません。他の事例と同様、これもミッションの同意なしに行われたものです。しかし、私たちは請求額を支払うように指示されましたので、支払いはなされました。今回の件の結果がどのようになるのか、来週会うまでは、私には分かりません。

提案されているような性格の江戸における学校についてですが、教育の仕事において、政府を競争相手としようとするようなことは、私たちのボードとしてするべきことではないように、私には思われます。江戸には第一級の学校が多くあり、ウィリアムズ師とタムソン氏を除いて、福音の説教を行うことのできるプロテスタントの宣教師はいません。今が、地歩を固める時なのです。タムソン氏の管理のもとにある教会は、説教をする場所を多く設立しています。そこでは大きな関心が起こり、広範な規模で将来仕事をするための基礎が築かれました。横浜や周辺地域の人口はたった二十分の一ですが、そこでは二倍もの多くの説教を聴く人々がいて、私は出席可能な数より多くの説教の要請を受けています。私たちの学校は、私たちの努力の対象として第二義的なものでしたので、一日に、一ないし二時間より多くは時間を割いていません。そして、その時間の三分の一から四分の一は、聖書の講義に占められています。正規の生徒が、現在、教会員であるか、あるいはそうなるための準備をしていることを報告できるのは喜ばしいことです。

カロザース氏は、すべての科目を、政府の学校の授業料より少額で教えることを提案しています。私たちは、月に二ドルを請求しています。他の学校は三ドルです。彼は教えることに、一日に七時間当てています。これは最良の宣教方針と私は考えません。彼と彼の妻の学校から月におよそ一四〇ドルの収入を得ているのに、なぜボードに援助を依頼しなければならないのか私には理解できません。この金額で少なくともすべての費用を当然支払えるはずです。授業に費やされた同じ時間と努力は、多分他の教師たちの月、三〇〇から五〇〇ドルに値するでしょう。

私たちのミッションの承認（正式な承認は来週行われるでしょう）を得て、現地の町で礼拝を行う建物の借用料とその整備のために、三〇〇ドルの補助金を私は請求いたします。先に手を打つことによって、私はその土地で最良の場所[1]を確保しました。家を手に入れて、自分たちの資金から四か月分の借用料を支払いました。月の初めからそこを利用して数多くの礼拝を行いたいと願っています。もし良ければずっと長く、そこを確保しておきたいと願っています。神戸からのD・C・グリーン氏も、同じような所を、先週の日曜日に開設[2]しました。彼らのボードは、その目的のために三〇〇ドルを充当しています。私たちは買い取ることができず、日本人の名前で借用することを余儀なくされています。

トラクト協会から得ようと思っている印刷資金について、一月十八日付の貴信で、あなたは「トラクト協会によって賄われても、そうでなくても、資金は用意されなければならない」とおっしゃっています。この観点から三〇〇ドルが、『夜明け』（『ピープ・オブ・デイ』）の発行のために、カロザース氏にミッションの財源から支払われました。私たちはトラクト協会に申請しましたが、返事を得ていません。カロザース氏が販売からいくら得ているか、私には分かりませんが、いくらかの損失があると思います。どのようにいたしましょうか。

ブラウン牧師から、再び日本についての手紙を受け取りました。私たちはもっと多くの男性を必要としていますが、マッカーティ[3]博士は、ブラウン牧師の耳が聴こえないことは、言葉の習得に当たって大きな妨げになると考えています。エレンウッド博士から、活動分野と必要とされている男性について、あなたは手紙を受け取られると思います。日本人は音楽をとても好み、たいへん速やかに私たちの旋律を覚えます。

暑い気候の間、O・M・グリーン氏と私は、健康と、宣教活動の現場を調査するために、湾を渡って旅行をしました。自分自身の信仰を放棄し、熱心な真理の追求者となった、以前神道の神官であった人が、私たちに同行しました。上陸した後、私たちが帰路に着く前に、再び一緒になることを期待して、彼は友人に会いに出掛けました。しかしそれ以後、会うこともできず、彼について何にも聞いておりません。一か月後に、当地の彼の友人の一人に手紙がきて、そこには、彼は逮捕され、十六日間、厳重に監禁されていたと述べられていました。それから、彼は釈放されましたが、村を出ることを許されませんでした。

私はこの件をビンガム氏[4]に知らせて、彼が釈放されるように努めようとしましたが、昨日受け取った手紙で、彼は間もなく戻れるであろうと述べています。彼は将来にただ一つの希望を持っていて、それはキリスト教を学んで説教をすることです。

神戸からのD・C・グリーン氏は、現地人の町にある目抜き通りの一つに、説教のために大きな説教所を開設しました。部屋は満室になり、聴衆は外にまで溢れていました。彼は、聴衆の数は百人以上であったと見積もっています。もし何の妨害も起こらなければ、私たちの働きにとって新時代の到来となるでしょう。今まで私たちは、非公式な方法でのみ働くことを余儀なくされていて、大衆に近づくことはできませんでした。

あなたが見つけ得る限り、多くの適切な男性をお送りください。あらゆる点で、日本ほど有望な宣教の働きの場はないと、私は信じています。

キリストに在って　　H・ルーミス

（1）最良の場所　現在、横浜指路教会堂が建っている所で、中区港町六丁目を指す。

（2）先週の日曜日に開設　D・C・グリーンが開設した講義所で、中区太田町二丁目にあった。

（3）マッカーティMcCartee, Divie Bethune（一八二〇～一九〇〇）米国長老派教会宣教師。一八四四年医療宣教師として寧波に行き、米国の代理領事も務めた。七二年フルベッキの推薦により東京の開成学校の御雇教師となった。また明治学院で島崎藤村などを教えた。

（4）ビンガムBingam,John Armon（一八一五～一九〇〇）フランクリン・カレッジから弁護士になる。一八五四年から国会議員、一八七三年駐日公使になり十二年間在任、わが国の条約改正については不平等条約廃止を唱えた。

10　日本語讃美歌集『讃美歌』出版

（訳注：日付、宛先、サインのない、文章の途中からの手紙）

しばらく教えていました）昨夜、彼らはキリスト者になりたいと彼女に語りました。彼らは極めて賢くて、聖書を学ぶことに大いに興味を示しています。

ジョン・バラ師は箱根でかなりの人々に洗礼を授けました。[1] 彼らは休暇をそこで過ごすためにきていて、説教の準備をしていた数人の青年たちの努力によって改宗した者たちでした。他の所でも大きな関心が示されていましたが、その現場で宣教に従事する人が一人もいません。そこは当地より五〇マイルのところにある、夏の大きな避暑地です。迫害の恐れが沈静すると、キリスト教を知りたいという望みが、ますます明白になってきました。貴信で、日本はこれ以上宣教師を必要としないと考えておられることを知って驚いています。私はちょうど、すべてのプロテスタントの宣教師を網羅したリストを読み終えたところです、すべての新人たちが言葉を学んだときでさえ、百万もの人々に効果的な説教をする人は一人もいないでしょう。あなたは彼らの必要性をとても過小評価し、私たちの能力を普通の人間以上に評価しているに違いありません。

プロテスタントの宣教師に新潟に行くように熱心な要請が最近なされました。そこは西海岸で、唯一の開港場です。日本で最も豊かな米の産地の首都であり、その郊外には、十万もの住民がいます。しかしまだ、誰もそこに行く決心をしていません。そしてイエズス会だけがすべてを独り占めにしています。私は行くことを志願し、私たちは喜んでそうしたいのですが、ミッションは現在のところ、私に設立したばかりの教会を見るように望んでいます。

私は今朝、新しい日本語讃美歌集[2]の校正刷りの修正をしました。私はその版を直ぐに千部印刷させることにしています。

（1）一八七四年九月、ジョン・バラから九名が受洗、その後八三年一月、三島教会に転会した。

（2）新しい日本語讃美歌　これは『讃美歌《さんびのうた》』という讃美歌で、ルーミスと奥野昌綱が編集した。

第三章

日本伝道とキリスト教教育

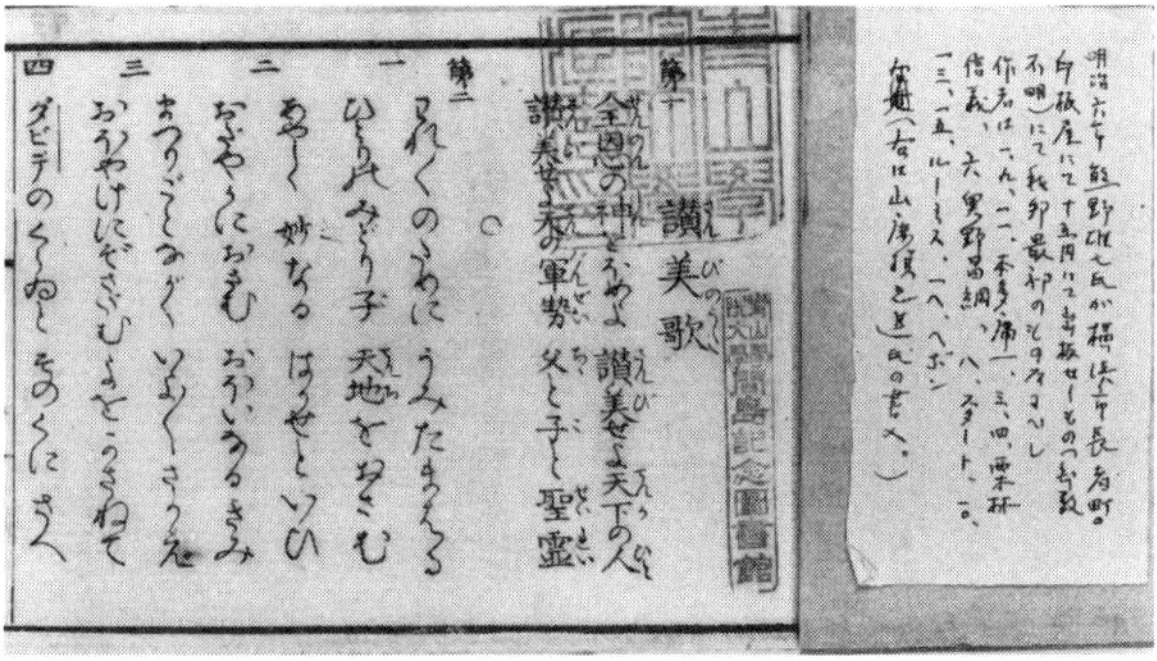

『讃美歌』 青山学院資料センター蔵

1　横浜第一長老公会の発展、カロザースが九人に洗礼

横浜　一八七四年十一月四日

ラウリー博士

私たちの教会が、知識と数において着実で健全な成長をしていることを報告できますことは、私にとって非常な喜びです。

先週の安息日に、さらに三人の会員を得て、現在受け入れた会員の総数は二十一名[1]になりました。このうちの二名は、現在O・M・グリーン氏とミセス・ルーミスの学校の生徒であり、三人目はヘボン夫人の生徒の一人です。彼らのうちの一人は、以前タムソン氏の生徒であり、宣教師たちの友だちの一人であった政府の役人によって、昨年の冬に私たちのところに連れてこられた者でした。

この教会は私たちの長老会の監督下に入ることを申請し、J・H・バラ氏のいわゆる「基督公会」とは関係ないことを、あなたは既にご存じでしょう。彼らは、自分たちがどちらを選択するかについて確固とした決心をしているように見受けられます。そして、私たちは重大な問題なしにうまくやってゆけるであろうと、私は思っています。

多くの現地の人たちが、自分たちの同胞に福音を述べ伝えたいという熱心な希望を表明して

いることに、私はたいへん喜んでいます。九人の人たちが説教者になりたいと希望を述べていて、既に熱心に説き始めています。彼らの説教の写しをたくさん私は受け取っていますが、それらは褒める価値のあるものです。このことを有効に活用できるようにと私は願っています。彼らのうち幾人かは、間もなくとても有能な助手になるであろうと私は思います。彼らが互いに表明し合っている精神は、彼らの心のうちに働いている神の恩寵の驚くべき証しです。彼らのうちただ一人の誠意たりとも疑うようないささかの理由もありません。また、彼ら全員の間には非難をするようなことすらありませんでした。この現地の教会の将来が、過去四か月の歴史の続きであるようにと、私は望むのみです。七月に行った最初の洗礼のときを振り返っています。

そしてこの祝福された仕事は静かでありますが、永続的な、非常に勇気づけられる形で、広がっています。さらに十二名ほどの、洗礼志願者が教えを受けているところです。彼らは数か月のうちに間違いなく受け入れられるでしょう。問い合わせの数は日ごとに増えています。一人の男性が今日の午後に訪れて、自分はキリスト者になりたい、そして父親と友人たちも来て、真の神について教えを受けたいと望んでいると申しています。私が礼拝を行おうとしているところが、地方に二か所あります。そして、他のところも間もなく開かれるよう期待しています。私は江戸にも行くように声がかかっています。

ベントン夫人　横浜共立学園蔵

信仰の自由の勅令が近々出されることを、私たちは期待しています。そうすれば人々は命の言葉を受けることを喜んで歓迎するでしょう。政府による妨害の恐れは、多くの人々になお尻込みをさせています。それでも私たちが最近確保した場所での説教には、昨夜六十人ほどの聴衆が集まりました。彼らはとても興味をもって聞きました。そのような聴衆に説教することは、最も喜びに満ちた仕事です。ミセス・ルーミスは日曜日に、婦人たちのための礼拝を始めようとしています。婦人たちに近づくことはとても難しいと思います。婦人一致海外伝道局のベントン夫人[2]は、これらの人々のクラスを教える助手をしようとしています。

カロザース氏が九人に洗礼を授け、間もなく教会を組織する[3]と聞いています。彼の働きについてこのような喜ばしい報告があったことは嬉しいことです。彼の教えを受けている人々を、キリストに従う者になるよう導くことに、彼が成功することを私たちは信じています。タムソン氏が牧師をしている教会も急速な成長を遂げていて、その大都市で力を持ってきています。私たちが男性を必要としていることをもう一度繰り返させてください。彼らを確保していただいても早すぎるということはありません。適切な精神と天賦の才能を持ち合わせている男性は、直ちに仕事を見つけることができます。アメリカン・ボードの宣教師たちは働き過ぎてほとんど皆疲れ果てています。

エレンウッド博士は、中国で重い病気にかかっていると聞いています。彼の訪問は、（数文字不明）私たち次第です。月刊コンサート誌の（文字不明）記事にある宣教に関する報告は、事実の正確な記述ではありません。バプテスト派も、メソジスト派も、その場には参加していませんでした。そして、米国聖公会の宣教師は、協議会で提案された仕事にも、聖書の翻訳でさえも、協力しませんでした。私たちがこれまで固守してきているものとは異なった教会管理、あるいは信仰告白を適用しようとしていたと、ほのめかすようなことは、当ミッションにとって、全く不公正な説明であります。現地人の教会に、「長老派」という名前を恒久的に適用するかどうかは、まだ解決されていない問題です。以前にあなたにお話ししましたが、その名前が私たちの仕事に必要不可欠であるとは見なしてはいません。現地の（文字不明）が、それにとって代わることはあり得ます。

キリストに在って　　　　H・ルーミス

（1）一八七四年九月十三日、横浜第一長老公会は十八名をもって教会として設立された。

（2）ベントン夫人Benton, R.（生年未詳～一八八四）　第一二一回横浜プロテスタント史研究会において、小檜山ルイ氏が「横浜における長老派婦人宣教師の活動」を発表した。それによると、リディア・ベントンは婦人一致海外伝道局から派遣された宣教師で、一八七五年ジョン・バラと再婚、同年夫と長老派の伝道局に所属し、お茶場学校なるものを長老派ミッションのもとで行ったという。また日本基督指路教会『創立三十年記念会』によると、ベントンが御茶屋敷の労働者の子供を集めて教えたのが契機となって住吉小学校に発展していった。

(3) 東京第一長老教会のことを指している。

2　東京第一長老教会設立、ルーミスが新しい場所で説教を開始

横浜　一八七四年十一月二十三日

ラウリー博士

先週の安息日に、江戸でカロザース氏の教会の設立[1]に出席して、彼が始めた仕事を見て、非常な喜びとしていることをお伝えすることはまことに幸いです。彼はついに人々の心を摑み、良い働きをしているように見受けられます。彼はほとんどの宣教師たちと友好的な関係になり、彼の仕事は皆に称賛されています。彼は大きな良い働きをする機会を摑んでいます。日本にいる宣教師で、これ以上の良い働きをする機会を持ったことのある者はかつていませんでした。

私たちは皆喜んでいて、彼の努力に喜んで援助するでしょう。

　あなたの手紙と、エレンウッド博士の訪問は、とてもよい結果をもたらしました。大きな変化が確かにありました。最近出た『東京ジャーナル』の宣教師たちに対する、そして特に彼に向けられている記事の写しを多分ご覧になることでしょう。

　ここから三マイル離れたところにある新しい場所で、私は昨日から説教を始めました。とても興味深い聴衆でした。そこには週に二度行くことにしました。以前、神道の神官であった者が戻ってきて、来月洗礼を受けたいと希望しています。彼は大変に熱心であると見受けられ、彼の残りの人生を福音の説教に使いたいと希望しています。国が福音に急速に門戸を開くことを、私たちは皆たいそう期待しています。私たちは間もなく、どこへでも行けるようになるでしょう。昨日私が訪問した村の役人たちは、私が説教をすることを認めました。このような承諾は一か月前には与えられなかったことなのです。若いキリスト者たちはたいへん熱心で、彼らの誠実さによって、私たちは大いに喜びを与えられています。

　江戸に新しい男性を派遣すべきであると、心から勧めます。カロザース氏は三人の男性がするのに十分な仕事を抱えていますし、私たちはほかの所でも、それ以上に多くの男性を必要としています。

キリストに在って　　　　Ｈ・ルーミス

追伸　一月一日から郵便料金は十五セントになります。

H. L.

（1）カロザースの教会の設立　この教会を東京第一長老教会という。実際に築地居留地に教会を創立したのは、一八七四年十月十八日であったが、設立式は、この手紙にあるように同年十一月十五日に行われた。

3　日本人牧師を養成

一八七五年一月五日　火曜日

江戸にあるミッションの礼拝堂で、議長の招集により長老会の会議が持たれ、議長のグリーン牧師の祈禱によって開会。

長老会のすべての会員が出席。

ヴィーダー牧師[1]は会議参観者として招かれた。

江戸の第一長老教会の筆頭長老である戸田欽堂氏は、彼が代表している教会は長老会の管理のもとに在るべきであると要請した。

それ故、その要請に基づいて、江戸の第一長老教会は以後、長老会の管理のもとに置かれ、戸田欽堂氏にその代表権が認められ、この長老会に一議席が認められることが決議された。

次の人々が、牧師職の候補者として、長老会の管理のもとに置かれることを希望して出席した。戸田欽堂、田村直臣、佐野徳太郎（江戸の教会員）、南小柿州吾、原猪作、石原保太郎、篠原誾三、角谷省吾（横浜の教会員）。

長老会はこれらの人々に対して、聖書教義の知識と、神聖な職務を希望する動機について試問した。

試問の結果は申し分なかったので、彼らは長老会の管理のもとに受け入れられ、直ちに牧師職準備課程に入門するように期待された。

さらに、これらの青年が準備課程にある間、必要とする金銭上の援助が彼らに与えられると決議された。彼らの事情が許す限りにおいて、さらに長老会が勧める完全な勉学の課程を修めるように勧告すべきことが決議された。

ヴィーダー牧師の祈禱の後、長老会は休会。

ヘンリー・ルーミス　常任書記

（1）ヴィーダーVeeder,Peter Wrooman（一八二五〜一八九六）　ユニオン・カレッジ卒業後教師、その後ピッツバーグのウェスタン神学校を卒業、一八七一年日本政府の招きにより大学南校（東京大学の前身）の教師となり、一八七七年東京帝国大学理学部で物理学を教授した。

4　資金援助を要望、横浜第一長老公会の活動

横浜　一八七五年一月十九日

ラウリー博士

前述の長老会議事録からお分かりのように、私たちの仕事にとても勇気づけられるような事柄が数々あり、私たちの働きの結果に大いに喜んでいます。福音の説教をしたいと希望する者がまだまだ多くいて、彼らは間もなく私たちの管理のもとに受け入れられるでしょう。

しかし、最近のあなたの手紙は私たち全員に大きな失望をもたらしました。もし長老教会であることによって、必要な援助なしに私たちが置かれるのであれば、私たちは何らかの変更を要求しなければなりません。J・H・バラ師の教会は、牧師になる準備をしている青年男子たちを支えるために、年に五〇〇ドルを受け取っています。これは部分的に、あるいは総額、オランダ改革派ボードから与えられています。私たちは、こうした青年たちに同様の援助を約束しました。そして、もしその資金が得られないのであれば、私たちの仕事にとって重大な障害となるでしょう。

現地の町にある礼拝のための場所(1)は借りているのであり、これまではヘボン博士が賃借料を

支払っています。O・M・グリーン氏と私自身で、椅子と礼拝に必要な他の備品を備えました。毎週行われている青年たちの聖書研究集会のほかに、そこで礼拝が週に四回行われています。建物の一部は長老[2]が使用していて、他の三人が牧師になるための準備をしています。これを断念することは、その働きの場と働きを放棄することになります。私たちはそれを支援するためになされるべき援助を、重ねて要望いたします。もしボードが私たちの仕事を続けるために、たとえ一か所でも支援してくださるならば、私たちは満足するでしょう。

ミラー氏は、彼の妻が改革派ボードに留まりたいと希望していて、彼は多分独立を続けるであろうと伝えてきました。タムソン氏は、彼が牧師を務めている東京日本基督公会を援助するために、通訳としての給与、年に一二〇〇ドルから充当してほしいと求めてきました。それは、多分他からお聞き及びと思いますが、ミッションによって許可されませんでした。

二名の者が、最近の聖餐式で、私たちの教会に加えられました。現在の会員数は二十三名です。昨日から私は牧師になる準備をしている者たちに説教学について教え始めました。O・M・グリーン氏は彼らに聖書釈義を教え始める予定です。

私たちはボードの金銭上の問題に、改善が見られることを希望しています。同じ働きの場で仕事をしている他の宣教師たちのように支えられるのでなければ、私たちが留まることは無益です。アメリカン・ボードは、横浜にある説教の根拠地に、三〇〇ドル充当しています。そしてそこには、翻訳をしている一人の宣教師がいるだけです。私たちは四人の働き手に対して、同額のみをお願いしているのです。エレンウッド博士は、私たちがこの場所を借用することを認可してくださり、ボードがそれを認めることを保証してくださったのです。もし私たちが援助を得られないならば、私たちの誰かが、その働きの場を去るのが最良であろうと私は考えます。

敬具

ヘンリー・ルーミス

追伸　ミス・ガンブルは、私たちに多くの問題を起こしています。ミス・ヤングマン、カロザース夫人、ヘボン夫人はそれぞれ、彼女に一緒に住むことを申し出ています。そして、彼女たちはそれぞれに自分の仕事にミス・ガンブルの援助をとても必要としています。しかし彼女は誰とも一緒に働くことも、住むことも拒否し、自分だけの家と学校を要求しています。非常にうまくいっていて、彼女の力添えを必要としている二つの学校から、石を投げれば届くほどの所に、第三の学校を始めることは良いとは考えていません。それは我々の大義のためにも、たいへん不名誉なことです。

H. L.

（1）礼拝のための場所　横浜第一長老公会の礼拝場所は、横浜居留地三九番のヘボンの施療所から現在横浜指路教会が建っている中区港町六丁目に移った。

（2）この長老は南小柿州吾で、カナダ・メソジストのコクランから洗礼を受けた。コクランが東京に移るに際し、一八七四年六月二十四日付をもって転入、ルーミスの集団に加わった。南小柿はこの場所に住んで伝道に勤しんだのち、伝道師から住吉町教会（横浜指路教会）の牧師になった。

5　一八七四年度の教会活動報告

横浜　一八七五年三月二十五日

ラウリー博士

私たちの働きの場である愛していた仕事から、この際、去らなければならないことについて、私たちの悲しみと失望とを表そうにも表し得ません。横浜にいる最も有能な医師の四人は、私が完全な休養をしなければならず、そのために直ちに日本を去る必要があるという意見で一致していています。そこで今日から一か月後に出る汽船で帰ることにしています。そのような告知に全く驚いていますので、何をしたらよいのか何の計画も立てられずにいます。

カロザース氏に、江戸と、法典《ほうでん》（訳注：現船橋市）にある教会の報告を依頼しましたが、彼は総会の書記に送付したと述べ、それを私には届けてきていません。
当地の教会の今年度における報告は以下の通りです。

試問により追加された者	十四名
逝去者	二名
除名者	二名
総人員	三十三名
成人受洗者	十二名
幼児受洗者	二名
日曜学校生徒	七十五名
経費のための献金	二八ドル

現在、未就任の有資格牧師が二人いて、七人が牧師職の準備をしています。
サンフランシスコで、あなたからのご連絡をお待ちしています。

敬具

ヘンリー・ルーミス

追伸　日本政府が安息日を休日と布告したことを、他の方々からお聞き及びのことでしょう。

H. L.

6　名古屋、伊勢へ赴く

名古屋　一八七五年三月二十九日

エレンウッド博士

午後のこのとき、ここに座って、この広い異教の都市を眺めているときに、私の心をよぎった思いを言葉で表現できればと願っています。旅をしているここには、私の知る限り、今だかつて福音を聴いたことのある者が一人だにいない、十二万以上の人々がいます。そしてこの地方（尾張）を含めますと、真の神や、人生の在り方を全く知らない、百二十万七千以上の人々がいます。最も近くにいる宣教師は大阪にいて、そこは一二〇マイル離れています。一方、横浜は東に二〇〇マイル離れています。

この町は尾張湾の奥にありますが、海が浅いために、現地の小船以外、近づくことができません。二五マイル離れている四日市からは、横浜や江戸に定期的に汽船が運行しています。四人から五人の外国人が政府に雇われてここにいますが、誰ひとりキリスト者として活動をしていません。ここに初めてきたときに、すべての外国人に対する強力な敵対感情があることを彼らは感じ取りました。そして、町を歩くたびに常に侮辱されました。あまりにも不愉快でしたので、不満を官吏に申しましたところ、その結果、かなり抑えられましたが、なお完全には治まっていません。昨日町を歩いていますと、少年が「子豚、子豚（ピギー、ピギー）」と私たちに叫びました。それは英語で「帰れ」と意味するように思っているようです。

しかし上流階級の人々の間では、外国人に対してとても友好的な感情が存在していて、現在でさえ働き場所は、宣教の努力のために整っています。医師ならば直ちに丁重に歓迎され、直接に福音を宣教するための道が開かれること疑いなしです。現在のところ、ここには常駐の宣教師が住むことは許されないでしょうが、この地域全体が、キリスト者の努力のために解放されるときは、多分そう遠くないでしょう。

町が位置しているところは、大阪や江戸の多くの所よりずっと健康的です。その周辺は美しい田舎で、人口は一平方マイル五百三十三人のベルギーよりも多いです。そこの西の地方は、見渡す限り稲の田圃が広がっています。一五マイル北には瀬戸の町があり、そこは日本で最も広大な磁器の製作所の一つです。その高地にはお茶の木が多く育っていて、幅広く商いをしている会社もあります。そこには多くの富と繁栄がありますが、何よりも最も大切な、真の神の知識の悲しい欠落があります。

宣教の仕事が、速やかにかつ励みとなるほどに、発展している横浜や江戸で、もし他の人々が働いてくれるなら、（道が開かれるときに）私は喜んで働くためにこの地に来ましょう。私たちのボードはこの広大な帝国のために、今までなされてきたこと以上のことをなすべきなのです。このような地に私たちの本国が望んだものは何なのでしょうか。これらの百万もの人々は宗教について全くの初歩を学ばなければならないのです。

神道にとって、キリスト教世界のエルサレムのような所である伊勢に行ってきました。毎年何千もの巡礼がそこを訪れます。そして職人たちはこうした神聖な神社をお参りすることは、事業の成功に必要なことと見なしています。神社の一つには、神々の一人が造ったとされる鏡が置かれていると一般に伝えられています。入口を通って進んで行くと、最初の建物は馬小屋でした。そこには最高の神が乗るための馬が飼われていました。わずかのお金を捧げて得た豆をその馬に与えることによって、参拝者たちは想像上の神に、彼らの献身のしるしを示すのです。神戸の近くの神社で、そのような目的で飼われているのは白馬でしたが、伊勢のは黒でした。そうした馬は帝《みかど》によって寄進されたものでした。

しかしこうした馬は日夜馬小屋に閉じ込められています。そして驚いたことには、関係している官吏たちは、「大臣さまがこれらの馬に乗るのであるけれども、誰も見たことがないので、そうであるのかどうか知らないと、人々は言っている」と語りました。彼らはさらに、一般的に考えられているように、神社に鏡がなかったことも認めていました。すべての魔よけと称して、小さな木片を巡礼者に売るというかなり大きな商売が行われています。この木の特別なところは、大祭のときに神官によって神聖な囲いの中に運ばれたものであることです。

伊勢の神社は閉じられていて、定められたときに神官が入る以外誰も入ることはできません。それは白木で建てられていて、非常に質素で単純な建物です。この点において、盛んに装飾が施されていて偉容を誇る仏教の寺と異なっています。神社の一つで説法が行われていました。でもほとんど参加者がいませんでした（語られていること以上に、二人の外国人を見ることのほうに興味が示されました）。これに隣接して演劇用の建物があり、もし望むのであれば、私たちのために用意しようと言われました。

これらの中でとても目につく悲しい特質は、日本にある他の宗教の分派が存在する京都と同じように、悪徳が他のどこよりも、より公然と一般的であるように見えることです。神聖な場所の隣接地には、たいてい売春地区があります。それが悪徳を庇護しているように見えることは、宗教に対する悲しい解釈です。しかしながら、巡礼者が年ごとに減少していることと、この機構が維持されているのは、神官側の熱心な努力によっていることが、明らかであることに、私の興味が引かれました。しかしそれは急速に力を弱めていて、現在の世代はそれが打ち倒されるのを多分見ることになるでしょう。この地方だけで学校に五万三千五百人の生徒がいます。

これらのうちでより進んだ者たちは、アメリカで使われているものを翻訳した教科書から教えられています。歴史、地理や哲学を扱っているこれらの教科書は、日本の宗教機構が基礎を置いている古い迷信を、完全に打ち破っています。無神論がそれを埋めるのか、それともキリスト教がそれに取って代わるのかという問いには、教会が答えるべきです。他の時代にそうであったように「彼らが聞いたこともない人を彼らはどのように信じるのでしょうか。説教者なしに彼らはどのように聞くのでしょうか」。現在日本にいるミッションの力は、この大きな仕事をするのには完全に不適当です。百万もの人々に対して優秀な人がほぼ一人だけなのです！

７　病気に苦しむルーミス、宣教師の活動状況

横浜　一八七五年四月八日

エレンウッド博士

名古屋で書き始めた手紙を今終わらせます。大阪から当地まで、この国を縦断して快適な旅を終えたところです。私はこのところ頭痛に悩んでいて、ヘボン博士が私の健康のために旅行に行かせてくださいました。旅行によって前よりもかなり丈夫になり、旅は有益だったと感じています。なすべきことを多く抱えて、健康でないことは耐え難いことです。

神戸や大阪にいる宣教師たちが、多くの場合働き過ぎにより、健康については非常に悲しい状態にあることを知りました。ベリー博士はかなりの間病に臥していて、しばらく危険な状態にあったようです。とても弱っていて、会うことができませんでした。再び仕事を始めるまでに数か月かかるでしょう。デーヴィス[1]博士は週に四日だけ働き、残りの日は休養するようにしています。しかし彼のように熱心な人にとって、そのようにしなければならないのは辛いことです。大阪のリーヴィット氏は過労で、一年を待たずして帰らざるを得なくなり、二か月前にアメリカに発ちました。しかし彼は戻ってくることを望んでいます。（同じミッションの）ダックスター牧師夫妻は、夫人の健康状態のために帰国せざるを得ず、現在アメリカへ帰る途中で当地に滞在しています。新島牧師[2]は頭痛とリューマチにより、わずかしか働くことができません。彼は同胞に生きる道を示すことに非常に熱中していて、それを強く望んでいますので、そのような状態は耐え難いことです。牧師であるゴードン[3]医学博士もまた過労により現在仕事から離れていて、私と旅の一部を共にしてくださいました。このことからも日本における窮状がまだ非常に大きいことがお分かりいただけると思います。

伊勢（名古屋から湾を隔てて三〇マイルに位置します）の人々によって、神戸から医療ミッションをそこに派遣するようにとの要望が出されています。ベリー博士の名声がその地に届き、いたる所に道が開かれています。彼らの宣教師の多くが、今のように働くことができなくなるほど疲れていなければ、多分誰かをその地に送るでしょう。

ミセス・ルーミスは名古屋に赴任したいと私に述べています。その土地は大阪より好ましいと思います。そこは帝国内で四番目の都市で、重要かつ興味深い宣教の場の中心でもあります。そこに住む許可が得られるのは、まだ先のことでしょうが、できる限り速やかに私たちの働きの中心地を選び、そこに居住することが望まれます。メソジスト派はそのようにして、直ちに四か所を選びました。

政府に雇われている教師の一人が名古屋を去ろうとしています。そこで私はオーバン(4)にいるメイヤー教授（夫人が亡くなり、彼の海外赴任は可能でしょう）のような方を、そこに希望しています。あるいはホノルルのチャーチ総長も、その後任になり得るでしょう。いずれの方も素晴らしい開拓者になるでしょう。あるいは優秀な医者が宣教活動の糸口を確保できるでしょう。

教師について申せば、カロザース氏は助手を必要としています。助手がいなければ健康を害してしまうでしょう。彼は素晴らしい学校を築きました。その学校は良い働きをする手段となる見込みです。しかし彼はその仕事にほぼ一人で携わっていて荷が重すぎます。彼の時間は説教のためにも、直接の宣教活動のためにも必要とされています。彼の最近の努力はたいへん成功しています。彼が今達成しつつあることに、私たち皆が非常に喜んでいます。

新潟に行く話は、私たちが計画したこととは多少異なりますが、第一に取り上げられています。スコットランド医療伝道会のパーム博士[5]はそこに行く準備をしています。そしてイギリス教会宣教会（ＣＭＳ）のパイパー牧師[6]も、そこに働き手を送るための視察をしようと、彼と一緒に行くことになっています。そのようにして、そこには彼らが行くことになっていて、私たちにはできない場所を他の人々が開拓することを喜んでいます。パーム博士は真面目で優秀な宣教師です。私たちも後から行くことをそのときは期待して、パーム博士に新潟に行くようお願いしました。しかし全体から見て、私は名古屋の方をより好んでいます。

新島牧師は大阪に大学を開設する権利を政府から得る努力をしています。その大学はミッションの責任のもとに置き、すべての学科を扱おうとしています。しかし田中氏（文部大輔）の返事では、省は教師として「ゲッターマン師」を雇うつもりであり、「宣教師」を雇ったり、援助を受けたりするつもりはないとのことでした。

日本におけるキリスト教の進展について、まことに重要な事態が現在起こっています。教部省[7]と呼ばれるところが、キリスト教に対抗して、日本にあるすべての宗教の宗派を統合しようとするところだと分かってきたのです。もちろんあらゆる系統のものを含んでいます。こうした宗派のうちで最も進歩的なもの（真宗と呼ばれています）は今、他のものから離れてしまい、計画のすべてが解体されてしまう可能性があります。そのことは大きな騒動の原因となっていて、現地の新聞は、真宗を国の敵であり、「キリスト教徒のよう」であると告発しています。ある江戸の現地新聞の記者が、「我々はすべてが変化している時代に至っていて、熱意をもって奮闘し、外国人たちにしてやられることのないように注意することが我々の義務である。しかし、真宗は自己中心的配慮のみを示し、国家の宗教の展開を妨げている。キリスト教は徐々に流布し、力を得てきているように見受けられる一方、我々の宗教は反対の方向に進み衰えて行っている。真宗は宗教と政府の行政は別のことであり、人民は自由で独立しているべきであると力説している。しかしながら政府にとって、これ以上に有害な説はあり得ない。この宗派はキリスト教に隷属していて、彼らが現在意図していることは、国家の宗教をすべて無効にして、すべての国民をごまかしの教えに改宗させることである」と言っています。

このように、神は、私たちの敵の間に混乱を引き起こしていて、この国の人たちの間には今、教部省全体を無くすようにとの要望が出ています。そうなれば、この国はすべて開かれるでしょう。

横浜の通りで写したあの写真で、あなたのそばに立っている現地人キリスト教徒二人のうち若いほうの人が(8)、大きな試練に悩んでいます。彼は福音を伝道したいと強く望んでいますが、友人たちが同意しないのです。彼の両親は医学を修めることを彼に希望していて、そのように援助しています。彼は両親の願いに添って医術を勉学することに譲歩しました。しかしそれを、同胞のためにキリスト教の働きをする手段としたいとの期待を持っています。彼はなお、福音を述べ伝えたいとの希望を抱いています。彼は、私たちの礼拝への出席をやめるようにと言われたときに、「それはできない、一番願っていることだ」と申しました。彼は私たちに会いにきて、「試練を多く受けていますが、私の信仰が弱らないように祈ってください」と申していま す。彼の真面目な精神と真理に対する愛をみることは喜ばしいことです。

私たちの使用人が、私たちが思うような真のキリスト者になったことも、とても喜んでいます。彼らは聖書を携えて、その教えを受けて、生活には際立った変化があります。ミセス・ルーミスは、安息日の夜ごとに定期的に彼らに教えていて、彼らは生きる道を良く理解しているように見受けられます。彼らは多くの使用人たちより良い階層に属し、たいへん賢明です。今や彼らが私たちの協力者であり、彼らのために私たちが働いたことは無駄ではなかったと感じるようになっていますので、この変化によって、彼らは私たちにとって非常に価値ある存在となっています。

あなたが、私の長い手紙にうんざりしないように願っています。あなたの花瓶を、明日発つセルベルト氏に託します。友達への一、二の包みを同封しますので、宛て名のように届けてください。漢字の書かれた細長い板二枚は、よろしいように処分してください。よろしければ、一枚はあなたのものとしてください。日本人によって書かれた本を、あなたのお子様方のためにお送りします。

益々、ご健勝でありますように。　敬具　　　　　ヘンリー・ルーミス

（1）デーヴィスDavis, Jerome Dean（一八三八～一九一〇）アメリカン・ボード宣教師。同志社神学校教授、神学博士。七一年来日、神戸と摂津三田で伝道、七五年同志社英学校設立に際し、新島襄の計画に賛同して同志社の開校と発展に尽力した。

（2）新島牧師　新島襄のこと。（一八四三～九〇）同志社創立者。六四年七月アメリカ船で函館から海外に脱出、七〇年アマースト大学卒業、次いでアンドーヴァー神学校を七四年に卒業した。その間七二年から七三年にかけて岩倉使節団に随行、七五年十一月京都府顧問山本覚馬、デーヴィスの協力で同志社英学校を創立する。

（3）ゴードンGordon, Marquis Lafayette（一八四三～一九〇〇）アメリカン・ボード宣教医。アンドーヴァー神学校を経て、ニューヨークの医学校卒業、七二年妻アグネスと来日。七七年まで大阪居留地に住み伝道、梅本町公会（大阪教会）の創立に関わった。

（4）オーバンAuburn　オーバンはニューヨーク州の西端に位置し、ロチェスターとシュラキュースの間にあり、シュラキュースから二五マイルほどの所にあるオワスコ湖に近い緑深い静かな町で、そこにオーバン神学校があった。この神学校は、昭和十年代まで日本基督教会所属の伝道者で留学するものが多かった。

（5）パームPalm, Theobald Adian（一八四八～一九二八）　エディンバラ医療伝道会宣教医。エディンバラ大学卒業、七四年五月来日。新潟、中条、村上を中心に新潟県下に説教所を設け、百名前後の信徒を出した。八四年帰国、英国各地で医療活動に従事した。

（6）パイパーPiper, John（一八四〇～一九三二）　イギリス教会宣教会（CMS）宣教師。七四年五月来日、八〇年離日、その間、七八年聖パウロ教会を築地に創立させた。

（7）教部省　一八七二年（明治五）に神祇省にかえて設置された。社寺の廃立などを統括する一方、全国の神職・僧侶を教導職に任命し、国民に「敬神愛国」の精神の布教を図る大教宣布の運動を進めたが、信教の自由を求める真宗各派の批判を受け、七七年に廃止された。

（8）若いほうの人　この青年は一八七四年七月五日に洗礼を受けた角谷省吾のこと。

8　執事の死と葬式、礼拝場所を変更、東京第一長老教会の献堂式

横浜　一八七五年六月九日

ラウリー博士

あなたの最近の手紙で、私たちの仕事に追加の助け手が送られる可能性があることを伺い、喜んでいます。現在ここに居る人数よりも、さらに多くの男性が必要とされていると思います。

この国の人たちの知性に大きな変革が起こっていて、その結果は、真理を伝播させるために最も好ましい機会になるでしょう。現地のいろいろな新聞（昨年の発行部数は約五百万部でした）は、最近キリスト教の教義について論じることを温かく取り扱っています。彼らは一般的にはそれに反対しています。しかしこの論議によって、人々の注目がこの論題に喚起され、真理はこのようにして明らかになるでしょう。僧侶たちは、自分たちが人々の支持を失いつつあることに気付いて、キリスト教を嘲り、その教えについて偽りの言を弄してその勢いをとめようと望んでいます。この数週間の新聞に、キリストの復活を否定する長い記事がありました。そして聖書は、両親や支配者に対する不従順を教えていると、しばしば断言しています。

しかしこうした記事は、多くの応酬を呼び起こしています。『ジャパン・メイル』（東洋で最も有力な新聞）の論説委員が、その論題を取り上げていて、そのような論述がいかに誤ったものであるかを示すことによって、正しいことを伝えるのに大いに役立つでしょう。こうした論説が（適切に続けられるならば）人々の知性に大きな影響を与えるでしょう。そしてキリスト教の信仰に対して長い間存在している偏見を取り除く傾向にあります。

これまで家から家へお札等を売り歩くことが頻繁に行われていました。これは僧侶たちによって行われ、彼らの生活を支えるかなりの部分を占めていました。人々は、これらのものを買うことは、僧侶との良い仲を保つために必要なことだと感じていました。

しかし数日前に、今まで行われていたこの販売を禁止する政令が政府により発効されました。そして、そうしたものを買いたい者は、それらの置かれている寺院に出掛けて行って買うようにと書かれています。これは取引を大きく減少させ、僧侶階級に対する支援を取り除くことになるでしょう。政府の教部省への予算割当が、昨年の三分の一に減額され、一方、他の省では以前より多額の割当を受けていることがあるのを、私は見ています。

仏教や神道の儀式に従わないで、キリスト教の儀式に従って人々を埋葬したかどで、現地人の教会の長老たちが尋問に呼び出されていることが、あなたに報告されていることと思います。(文字不明)一八七五年三月七日)江戸で事実審理が行われた後、彼らは、国の法律に従わなかったことにより、金額は後に定めるが、罰金を払うように申し付けられました。彼らは昨日、裁判所に今朝出頭するよう召喚されました。そこで彼らの罪の償いとしての金額が示されるはずです。私たちはその結果を非常に心配しながら見守っています。

その事件が昨年の秋に起きたときに、万国福音同盟会の会議が当地で招集され、現地人のキリスト教徒たちが、彼らの儀式にのっとって死者を葬る自由を求めて書面を作り、アメリカとイギリスの公使を通して日本の政府に提出しました。しかしそれ以来、その書面に対して何の音沙汰もありません。

私たちは執事の死(1)により、現地人の教会にかなりの損失を被っています。彼の職業は医者であり、とても誠実で善良な人でした。彼は一年半ほど前に英語の聖書を手にヘボン夫人を訪れ、キリストと救いの道について学ぶのに十分な英語を教えてほしいと熱心に請い求めました。彼は私たちの学校の一員となり、速やかに熱心に真理について吸収したようでした。彼は私たちの教会を形成したおもだった人に属していて、執事として選ばれ任命されました。彼の健康の許す限り、規則的に礼拝に出席して、人々の間で良い働きを活発に行っていました。

彼の死のわずか前に、私が彼を訪ねたときに、一枚の絵が壁に掛けられていて、その前に香と供え物がありました。彼はそのことでたいへん困っていました。そしてそれは彼自身の意に反して、友達によってなされたことであると言っていました。彼はさらに、「私はキリストのみを信じていて、心の内は平安です」と申していました。彼の場合キリスト教徒の信仰であり、キリスト教徒の死でした。召されたとき、このように彼が逝く用意ができていたことは、偉大な神の慈愛によるものです。私たちの会員から、一人の者が天の贖い主のもとに召されたことを知るのは、特別な恩恵です。

彼の友人たちは仏教徒でしたので、私たちは、彼らを問題に巻き込まないようにと考えました。遺骸を前に仏教の儀式が行われました。祈禱が繰り返され、太鼓が叩かれ、棺の前に香が供えられ、僧侶は離れ逝く魂が至福の所に辿り着くようにと、ローマ・カトリック教徒のような仕方で、棺のまわりに蠟燭を立て、その行くべき道を与えました。

彼らの儀式の終わった後、遺体は私たちに委ねられ、私たちはお墓で短い式を行いました。それは悲しみと喜びの混ざったときでした。私たちの周囲を取り巻いている闇を見るのは悲しいですが、ついに曙光がさし始めたことを喜びました。

私たちは教会員たちの堅実な証しに大いに慰められています。牧師職のための勉学を切望している一人の青年は、現在のところ（友人たちの強力な反対により）、その考えの断念を余儀無くされ、医学を学ぶことにしました。彼らはまた、彼に信仰を断念させることを望んで、彼をしばらくこの地から離れさせました。しかし、彼は私に「彼らは、私を神から引き離そうと考えることにおいて、大きな間違いをしました。なぜなら、神は太陽の光りのようにすべての場所に同じように届くからです。私は聖書を手元に持っていたので、ここと同じようにあちらでも神を見い出しました」と語りました。彼は現在戻ってきていて、再び私たちの学校に出席しています。彼はミセス・ルーミスからオルガンを学んでいて、とても役立つ見込みがあります。今はまだなのですが、いずれ彼が福音を説教するようになることを望んでいます。（彼はエレンウッド夫人の写真で、人力車のわきに立っている者のうちで、若いほうです。）

また、二人の盲目の男性は信仰上の勤めにまことに忠実であることを示しました。彼らは、何人かで生活を共にしていました。そして病人を揉み治療（盲人の通常の職業）して得たお金を、衣食住を提供してくれたその友人に与えました。そのお金を受け取っている友人は、彼らは、安息日も他の日と同じように働くべきであると主張しました。そのようなわけで彼らは生活することができ、しかも安息日を破ることを避けたいと願って、江戸にいる別のある友人たちのところへ移ってしまいました。

盲人の間のこのような改宗者たちは、とても興味深いです。彼らは聖書を暗記し、そのある部分を即座に口に出すことができます。それは、彼らがキリストを彼らの救い主と理解するときに与えられる、新しい感覚の賜物のように見受けられます。

私たちは、説教場所を変え、アメリカン・ボードのD・C・グリーン氏が使っていた所(2)に移りました。彼は、翻訳の仕事にあまりにも多く携わっているため、定期的な礼拝奉仕を続けてゆくことができません。しかし、私たちのところで説教の奉仕をすることによって、多分ある程度は、私たちの助けになれるでしょう。今、私たちが移った所は、市の最も賑わった、人口密度の高い所です。それは実際、現地人の町の中心です。私たちは礼拝ごとに、五十人から百人近くの出席を得ています。他の所は目抜き通りから、少しばかり離れすぎていることが分かりました。

私たちの聴衆は非常に注意深く関心を示しています。私はほとんど毎週、教会への新しい入会の申請を受けています。現在、受洗準備をしている者の数は、およそ十二人です。私たちの聖餐式は、来月の第一安息日に行われます。最近、私たちの会にあまりにも多くの者たちが興味を示していますので、毎晩礼拝を行うことを試みなかったほうがよかったのではないかと語り合っています。望ましいことが何であるか、疑う余地はありませんが、O・M・グリーン氏が間もなく江戸に行き、ヘボン博士が翻訳に専念しているので、私がこれ以上の仕事の責任を負うことに躊躇しています。しかし、私たちは他の礼拝が守られるように、何らかの手だてを講ずることを望んでいます。

牧師になるための準備をしている青年たちは、神奈川に部屋を借りて、過去数か月の間礼拝を執り行ってきています。先週の安息日、彼らの集会が開かれている家の持ち主が、私たちの礼拝に出席して真理に深く触れたようです。彼は友人に大いに反対され嘲られているけれども、その道についてさらに多くを知りたいし、いずれ洗礼を受けたいと言っています。

私はこれまで自分の家で毎週祈禱会を開いていますが、出席者があまりにも多くなりましたので、いつも礼拝を行っている所に移そうと思っています。先週金曜日の夜の出席者は、二十四人でした。改宗した人々が直ぐに参加して、とても自由に祈ることを知りました。

カロザース氏の働きもとても順調のようです。彼のところにも牧師になる準備をしている非常に熱心な人が何人かいます。そのうちの一人が先週の安息日にここにきて、私たちのために説教をしました。

神戸にあるアメリカン・ボードのミッションはとても順調であり、間もなく二つの教会を形成することを期待していると、私たちは聞いています。そのミッションのベリー博士は、その地域に伝道の道を開く大きな働きをなしています。彼の努力を通して多くの病院が建てられ、彼の指導のもとにある、それらのどの病院においても礼拝がなされることを、彼は要求しています。

タムソン氏のもとにある教会が礼拝堂を建て、その献堂式が安息日から一週間のうちに行われます。その資金の多くは江戸にいる友人たちによって集められたものと私は思います。長老たちは裁判所から戻りましたが、その件はまだなお未決定です。彼らは罪状の詳細が書かれている書面に署名をするように求められ、そのようにして、その件がさらに審理されるまで保釈されました。

キリストに在って　ヘンリー・ルーミス

（1）執事の死　一八七四年七月五日に、横浜居留地三九番のヘボンの施療所において、ルーミスから洗礼を受けた十人の一人。その日の礼拝後選挙が行われ、長老に南小柿州吾が、執事に坪内茂が選ばれている。「プレスビテリアン公会簿」によると、「坪内病気ニ付代トシテ選挙ス」とあり、その後、篠原闇三が坪内に代わって執事になっている。

（2）D・C・グリーン氏が使っていた所　D・C・グリーンと松山高吉らが太田町二丁目に講義

所を開いていたが、聖書翻訳の仕事が多忙になってきて、定期的に礼拝を続けていく事が困難になってきた。一八七五年四月D・C・グリーン等がその場所から退いたので、横浜第一長老公会は、現在横浜指路教会の会堂が建っている中区港町六丁目からグリーン等が使用していた中区太田町二丁目に移ることになった。

9　木更津へ伝道、アメリカン・ボードが京都に土地を購入

横浜　一八七五年七月一日

エレンウッド博士

ミッション・ボードの年次総会報告書を見て、日本に対するあなたの関心が薄らいでいないことを知り、私は喜んでいます。あなたが当地においでのときに、宣教がうまく進んで、勇気づけられる根拠となる事柄をご覧になりましたが、それらの成果は益々上がっています。私たちの働きの中で私たちを勇気づけてくれているすべての事柄を、あなたにお伝えすることは不可能です。

私は数日前に、（初めて）牧師になるための準備をしている青年たちの一人を、湾の向こう側へ伝道の旅[1]に送り出しました。彼は、使徒たちが福音伝道旅行の後に抱いたとほとんど同じ思

いをもって、去る木曜日に戻ってきました。彼が訪れた所の人々はどこでも命の言葉に飢えていることを、彼は知りました。ある晩、彼は教師の招きにより村の学校の建物で説教しました。教師と全校の人たちを含めて約百名が出席しました。彼は人々から親切に受け入れられ、多くの者は教義についてより多くを聴きたいと希望を述べました。彼は再び彼の話を聴きたいと切望している人々の名前の長いリストを持って帰りました。私たちはそこへ毎月誰かを送ろうと考えています。私はこの夏になんとか旅行免状を取って、自分でその地方を訪れて見るつもりです。

先週金曜日のいつもの祈禱会で、私たちが神のご計画のすべてを理解できなかったことを見て、一人の青年がたいへん困惑したようでした。そしてとても熱心に自分の見解を述べました。彼はさらに、日本人としては非常に珍しい仕方で、私に話し掛けました。月曜日に彼がきて、たいへん恐れ入って私の許しを請い、へりくだって罪を悔いた心を示しましたので、私は神の慈愛が彼の心の中で勝利を収めたことを、今までになく確信しました。

次の安息日に、私たちの教会に、さらに数人を受け入れることになっています。一人は長老の母親です。彼の妻は五月の聖餐式で教会に受け入れられました。J・H・バラ師から先週の安息日に十四人が洗礼を受けました。タムソン氏も彼の教会に十五人を受け入れることになっています。他のすべての者たちは、彼らの働きについて大きな関心を持って話しています。彼らは神戸にあるミッションに関連して、他の二つの教会を組織する予定です。その両者ともベリー氏が道を開いた説教所です。

そのミッションのフェィラー博士は、神戸からおよそ一〇〇マイルほど西にある瀬戸内海にある所に行くことになっています。彼はそこの病院の管理に当たります。そのことによって条約の制限の外に住む特権を得ています。アメリカン・ボードは、京都の中心に五エーカーの土地を買いました（新島牧師の名義で）。そしてデーヴィス博士がこの秋にそこに行くことになっています。彼は新島氏がそこに開校しようとしている学校で、名目上は彼の助手になるだろうと思われます。京都の権令（最も影響力の強い人物）はたいへん進歩的であり、その企画に心から好意を示しているようです。神戸のミッションのD・C・グリーン氏が、彼らの年次総会から戻ってきて、これらの事実を教えてくださいました。しかし彼らは現在、それを公表するつもりはありません。こうした計画を発表することは、現在の状況のもとでは、害になることをあなたは直ちに理解なさるでしょう。

私は、イギリス教会宣教会（CMS）のパイパー牧師と、彼が新潟を訪問したことについて協議をしています。彼はそこがとても重要で魅力ある所であると言っています。彼らはもし可能であれば、そこに喜んで人を送るでしょう。現在はそこで働く者は、スコットランド医療会の代表以外誰もいません。彼はJ・H・バラ師の教会から一人の若い男性を得ています。彼の教会には（私の聞いたところによりますと）あるとき、彼の話を聴きに百人以上の仏教の僧侶たちが来たとのことです。そこには興味深いことが多くありますが、誰もそこに入り、刈り入れをするものがいません。

現在、江戸に皆が幅広い関心を持っています。タムソン氏は彼の教会に関連して十九の説教所を持っています。カロザース氏は八つです。私たちに人材がありさえすれば、他の多くのところに有益に開設できるのです。学習中の者が人々の間でいかに速やかに働き出すかを見ることは、とても素晴らしいことです。しかもまだ仕事が実際には始まってもいないのにです。私たちは目下、ただ前哨戦を行っているのです。そう長くないうちに十字架の大きな勝利があるでしょう。私はもう一人増援を約束されていることを喜んでいます。さらに多くの援助を得られるように期待して祈っています。

私は現在購読している日本の新聞で、過去の制度の愚かさや、特に宗教上の迷信がしばしば嘲笑の対象になっていることを見ています。これらの新聞は、発行部数が非常に多いので、過去の迷信を覆す強力な手段となります。こうした記事のあるものは、思想を目覚めさせ、より良い事態への道を準備するために、非常に良く書かれています。新聞はこの地で大きな力を持ってきていて、私たちの働きを進める上で主要な手段の一つになろうとしています。

O・M・グリーン牧師（私たちのミッションの）は今江戸に住居を定めたところです。彼は当地の外国人と、現地人のすべての階級から強い尊敬を得ていますので、とても寂しくなります。ヘボン夫妻は田舎にしばらく滞在するため、今朝出掛けました。彼らは二人とも（文字不明）過去数か月仕事づけになっていましたので休養が必要です。この機会に十分休まれることを私たちは願っています。

ミス・ガンブルはとても健康を害していて、ミッションのほとんどの者が、彼女はアメリカへ帰ったほうが良いと思っています。彼女は去る二月の初旬に広東に出掛け、それ以来なお健康が思わしくありません。

（1）ルーミスが、在任中たびたび木更津へ伝道に出かけていることを指している。

10　横浜基督公会献堂式

一八七五年七月八日

かなり前のことですが、盲目の男性が川崎から、私たちの安息日の礼拝に、福音を聴く目的だけのために、その遠い道程を（一〇マイル）やってきました。彼はそれ以来ずっときていて、妻を連れてきています。私たちの教会の長老が、今週そこを（そこは江戸と当地の中間にあります）訪れ、興味深い訪問をしました。十二人ほどの人々が、彼が真の神について語るのを聴きにきました。そこで彼は、これから定期的にそこを訪れることを提案しています。彼は月曜日にも、ここから西にある町に出掛けることになっていて、そこで定期的な礼拝を行おうとしています。私たちは間もなく数か所の説教所開設について、報告できることを期待しています。

Ｏ・Ｍ・グリーン氏の健康は、彼が江戸に行って以来思わしくありませんので、健康のために今田舎に行っています。ミス・ガンブルも月曜日に内陸に行くことになっています。

本日の、改革派ミッションにより建てられた新しい教会の献堂式(1)には、多くが参加しました。七二年三月に組織されたときには、会員数は九人でした。それ以来、人数が増えて百六十二人になりました。安息日学校の教室を含めた建物はおよそ七〇〇〇ドルかかりました。ヘボン博士の古くからの教師を、牧師にするとの提案がなされています。彼らの組織の基本として使徒信条が読まれました。私の知り得るかぎりでは、まだ通常の教会規則も準備されていませんし、彼らのきちんとした信仰の宣言も定まっていません。貧しい人々に対するのと、他の教会への年間の献金は、およそ一〇〇〇ドルを越えました（多分一二〇〇ドルだったと思います）。

私は今日ルカによる福音書の最終校正を終了しました。木版はすぐに訂正され、本は速やかに印刷されるでしょう。私が本の前面につけるために準備した地図の写しをお送りします。また台紙にはめて壁に貼るための大きな地図も用意しました。

ベリー博士が函館に行く途中お寄りになりました。そこに二か月滞在される予定です。彼は健康を取り戻しつつありますが、彼の体力以上のことをしていらっしゃいます。ミセス・ルーミスからエレンウッド夫人宛の手紙を同封します。

キリストに在って　H・ルーミス

（1）横浜基督公会献堂式のことをいい、このとき横浜海岸教会と改称、建築費は一万ドルであった。

11　ミラーが長老派教会を去る

横浜　一八七五年七月二十四日

エレンウッド博士

私は今日、あなたのクリーヴランドでの演説の抜粋を読んでいましたところ、私たちの問題が今そちらの教会で嘆願されていることを知り、非常な喜びを感じています。もし母国の人々が当地での大きな困窮を知り、それに気づいてさえくださるならば、資金の不足などは起こらないように思われます。青年たちがこちらにきたいと望んでいるときに、その手立てが施されないほど悲しいことはありません。

あなたにお送りした新聞から、森氏の任命が間違いのない進歩のしるしであることをお分かりいただけるでしょう。当地の外国人には、彼の考えはあまりにも進歩的であるとさえ考えられています。彼は彼の住まいの近くに学校の建物と教師の住まいを建てて、バプテスト派のアーサー(1)牧師を責任者とするために呼び寄せました。彼は現在アーサー氏にすべてを譲っています。

教会の長老と青年の一人が、将来の活動地の視察に田舎に出掛け、その短い旅から昨日戻りました。彼らはいくつかの障害を見つけましたが、多くは勇気づけられるものでした。私はできる限り速やかに、あらゆる方面に説教所を開くように提案しています。私たちの青年たちは良く働いていますが、J・H・バラ師の教会の前には霞んで見えます。でも私たちは急速に成長しています。私たちは間もなく現地人の牧師を得るでしょう。そうすれば、私はこの新しい説教所の開拓と開設に自由に携わることができると考えています。

ルカによる福音書は他のものよりはるかに良く人々に受け入れられています。

私たちはインブリー(2)氏がこのように早く私たちに加わってくださると伺って喜んでいます。心から歓迎いたしましょう。ミラー氏が私たちから去ったことはまことに残念です。タムソン氏が私たちから去ったも同然なので、あなたは（数文字不明）を十分に保たなければなりません。

ミセス・ルーミスは十九日に男児を出産しました。母子ともに健在です。どうぞ、これをラウリー博士にもお読みいただいてください。日本の複数の日刊新聞で、ある学校の子供たちが、造ったばかりの神々の像一つを受け取って壊してしまったことが報じられているのを読みました。その記事は、これらの子供たちは、その像を拝むために据え付けようとしていた彼らの両親たちよりも賢かったと言って終わっています。これによって暗黒がいかに早く消散していっているかを知ることができます。多くの同じような性質のことが起こっていて、真理に対して道は急速に開きつつあることを示しています。

キリストに在って　H・ルーミス

ミラー　フェリス女学院蔵

（1）アーサーArthur, James Hope（一八四二〜七七）　米国バプテスト派教会宣教師。ニュートン神学校卒業、七三年来日。横浜で外国人専門病院を訪問、また寄港した船員に伝道していたが、七四年東京の森有礼邸内の西洋館を借り、女子教育を行い、七六年五月東京第一浸礼教会を創設したが、過労で帰国した。

（2）インブリーImbrie, William（一八四五〜一九二八）　米国長老派教会宣教師。七〇年プリンストン神学校卒業、七五年九月来日。一八七七年日本基督一致教会設立を成し遂げ、また一八九〇年にスタートした日本基督教会の信条及び憲法規則の改正に貴重な働きをした。

12　ベントンとジョン・バラが結婚

横浜　一八七五年八月九日

エレンウッド博士・ラウリー博士

あなたが当地においでの折りに、ベントン夫人が、私たちの宣教活動の内容について共感を持っていることをお話ししたのをご記憶のことと思います。ところで、彼女が自分のやり方に固執したために、当地でいまだかつてないほど大きな悪感情が持ち上がりました。自分の立場があまりにも不愉快なのを知って、彼女は当地で三年近く教師をしているJ・H・バラ師の弟からの結婚の申し入れを受け入れました。このことはJ・H・バラ師とプライン夫人の両者からまことに激しい反対を受けることになりました。しかし、その他の者たちは二人の側に立ち、結婚式は先月十六日に私の司式によって行われました。結ばれる二人がたいへん思慮分別のある振る舞いをしたので、反対者たちは譲歩し、二人の結婚は非常に祝福されたものとなりました。ジョン・バラ氏の教師としての雇用期間がちょうど終わったところでしたが、彼は仕事に対して、多額の報酬を要求したので、再び雇われませんでした。彼は月に二〇〇ドルから二五〇ドル受け取っていたので、日本の役人たちは、その半額で事務員と退役した水夫を雇うことができることが分かり、後者を選んだのです。

ジョン・バラ氏は町にある教会（外国人の）の長老で、あらゆる階級からあまねく尊敬を受けています。彼は二年間、四百人ほどの生徒のいる、ミズリー州にあるウエスト・ポート・アカデミィの准学長でした。彼は三十三歳で健康状態は良好です。彼はウエスト・ポートの長老教会の会員であり、ニュージャージー州イングルウッドのウォール牧師によく知られています。彼は日本人の間で教師として成功していて、将来大いに役立つ評判を得ています。

彼が日本人に再雇用されていないことを、私が知ったときに、神の啓示のように私にひらめいたことは、彼こそが、カロザース氏の学校の監督を担当せしめ、カロザース氏をその働きの一部から解放するために、私たちがまさに欲しかった人物であるということです。彼（カロザース氏）はそこで説教や、江戸の説教所のために時間を使うことができることになります。私がカロザース氏に手紙を書きましたところ、彼は快くその計画を認めて、カロザース夫人の学校をバラ夫人に助けてもらうことも、たいへん嬉しいということでした。ヘボン夫妻は彼らの見解をラウリー博士に伝えるでしょう。ヘボン博士の考えは私のものと一致しています。Ｏ・Ｍ・

グリーン氏はなお田舎にいますので、彼と相談することができません。何はともあれ、彼が心から同意することは疑いありません。

ジョン・バラ氏と夫人は、私たちのミッションの考えに合った所に任命されれば、それを受けることに同意しています。彼女は直接宣教活動に留まることを切望しています。そして彼女は日本語を読むことに特別な適性を示しています。そのような彼らの資格の証拠となるものを一、二、送りましょう。カラハン氏はウェスレー・ミッションの長であり、そのような件の判断を適確にできる人という印象を私たちは持っています。エリオット博士はアーヴィング博士に手紙を出されるでしょう。アーヴィング博士は、エリオット博士が古くからの友人ですので、彼の判断がどれほど信頼に足るもの（文字不明）、お分かりになるでしょう。エリオット博士は、この地における指導的なキリスト教信徒であり、清潔であり偏見のない判断をする方です。

ジョン・バラ　明治学院蔵

改革派ミッションでは、私たちが行おうとしていることを察知すると直ちに、ブラウン博士が山での避暑を切り上げて、可能であれば阻止しようと、こちらに急いで戻りました。彼らはミッション会議を開き、ジョン・バラ氏を彼らに加わらせて、ここに学校を開設しようとあらゆる可能な手段を取るでしょう。しかしバラ夫人は強力な長老派であり、オランダ改革派には馴染みません。彼らは、阻止しようとするあらゆる努力にもかかわらず、私たちに加わると私は思っています。

ボードからの返事を待っている間、私たちに何ができるのか、まことに困っています。ヘボン博士はあなたの承諾を得ることは間違いないと考えていて、ジョン・バラ氏が今月の一日から仕事を開始するよう勧めています。彼は今、山へ新婚旅行中ですが、戻り次第、こちらか江戸に家を整え始められるように決定を望んでいます。改革派ミッションは彼に、彼の兄が住んでいる大きな家を提供することを申し出ています。

そのような状況のもとで、私たちが、彼を私たちのミッションに引き受ける責任を取れるのか私には分かりません。もちろんそれはあなたの承認を得てからのことですが。私たちはまずあなたの決定を待つべきですが、これは特別な事情で、直ちに私たちの行動が要求されています。

ジョン・バラ氏を受け入れることによって、私たちは誰かを新潟に送り出す準備が、かえってしやすくなります。新潟について知れば知るほど、そこが重要に思えますので、直ちにその場所を占めるべきだと思います。ワイコフ氏は、私たちが派遣することができる誰でも、喜んで援助し、万端整うまで家を一軒提供しようと言ってくださっています。その地では学校についてとても関心が持たれていて、私の知る限りでは、神戸以外でどこよりも自由な所です。ミセス・ルーミスと私は別の非常に望ましいと思われる計画を編みだしました。もしミス・ヤングマンが新潟に行ってくれることになれば、彼女はその分野を彼女一人で担当することができ、現在ミス・ヤングマンが住んでいる家にバラ氏が住み、バラ夫人とカロザース夫人は一つの学校でともに働くことができます。このことについてバラ夫人は承認していますが、まだミス・ヤングマンに相談する機会を得ていません。これらの二つの学校が両方とも私たちのミッションに関係していて、しかも別々に運営されているということは、全くひどい話です。ミス・ヤングマンは、タムソン氏が独自の行動を取ることを支持していて、グラハム氏から神学生の一人を教育するための資金を得ています。

キリスト教教育がなされる学校を設立することが、私たちの働きを行うために最も良い方法であることは、経験が証明しています。私たちの教会員の多くは、そのようにしてもたらされました。カロザース氏のところも同様です。牧師職の志願者たちは、多く学校の生徒たちであり、学校の教育を経て改宗しました。ウェスレー・ミッションのマクドナルド[1]博士は、このような方法で集めた二十九名の会員のいる教会を静岡に持っています。ウィリアムズ師と江戸にいる彼の[2]協力者たちは、ほとんどの力を一つの学校に注いでいます。ウェスレー・ミッションのコクラン氏は、学生を獲得するために九月の初日から、一日に二時間教え始めることになっています。神戸のデーヴィス氏は、新島氏とともに京都に行って、そこで学校を開設することになっています。

そこで、ジョン・バラ夫妻の奉仕を確保することが、当地の最も優れた宣教師すべてが認めている方針と全く合致していることが、あなたにお分かりいただけるでしょう。私は私たちが当地と江戸の両方に学校を持つことができるように強く願っています。ジョン・バラ氏の働きは両方で必要とされています。御雇教師たちによる授業は、キリスト教の目的のためには多くの場合、益よりも害をもたらしています。そうした人々との接触により、多くの青年たちは善よりは悪に導かれるでしょう。

私は湾を渡った所で数日を過ごして、刈り手にとってその畑がいかに実っているかを見て、とても驚いています。おもだった役人の一人が、私たちの滞在しているところへ、私たちから真の神について聴くためにやってきました。既に信者である別の高官を私が訪ねると、彼は、「私たちはあなたがおいでになり、種を蒔かれるのをお待ちしていました。地は整っています。アメリカからおいでの方々のようにではありませんが、皆キリスト者になるでしょう」と、私に語りました。彼は大きな富の持ち主であり、影響力の強い人であります。そして、私の望む限り、彼の家に留まるようにと招かれました。

彼の近くに、全国ではないにしても、その地域全体の中で、最も優れた学者の一人が住んでいます。彼は数年前に政府にとって革新的すぎる本を翻訳し、その結果、数年間投獄されました。彼は現在福音の確かな信者であり、その地域にそれを伝播させるために多くのことを行っています。彼はその目的のために寺を使って、およそ三十人の生徒の学校を持っています。大きな像が、これ以上使われないかのように、片側に封じ込められています。

この人は「子供のための聖書」を中国語から翻訳し、将来大きな価値を示すと思われる仕事を今成し遂げようとしています。それは、広範な注解を付けて、マタイによる福音書を学識ある階層の言葉に翻訳したものです。大衆の理解する能力の範囲に合わせた本は、知識階層の人々には読まれないでしょう。彼らは中国語を求めていて、それがないものを読むことは、彼らの考えでは無知であることの証拠なのです。

しかし現在準備されている本は、多分この欲求を満たすでしょう。彼は、私にそれを三人の有能な人に校正し、直してもらうように求めていて、彼はそれを出版するつもりです。私は現在、第一巻の改訂を行っており、それが期待通りになるようにと願っています。それを検定している人たちは、それが忠実な翻訳であり、意図した階層の人たちに合ったものになるであろうと語っています。

メソジスト・ミッションのマクレー(3)博士は、さらに四人の青年を派遣してもらうように求めているとのことで、各地の戦力を倍増したいと私に語りました。コクラン氏もまた彼の仕事に援助が必要であると強力な訴えを送っています。彼は男女両方のために学校を始めるつもりでいると思います。私たちはさんざん労力を費やし出費を行った後に、他の人たちに出し抜かれることになるでしょう。私たちは新潟へ二人、大阪に二人男性を送るべきです。そして開市されるときには、名古屋にも地盤を確保しなければなりません。しかし、そのときがいつになるか確かではないのです。日本人は決して屈しないと決めたようですし、外国の代表者たちは彼らの考えを変更する理由を見い出していません。

もし最も好ましいと思われるならば、ミセス・ルーミスと私は、インブリー氏が来られた後、新潟に行く準備はできています。ミス・ヤングマンからは、グラハム夫人が自分を江戸で学校を持たせるために送ったのであるから新潟には行きたくない、そして他の事柄においても同じであるように、ミッションの意見は勘案するに値しない、との手紙を受け取りました。もし私たちのミッションの誰かが新潟に行くのであれば、まだかの地にはそのようなものが全くありませんので、女学校がそこでの働きに大いに役立つでしょうと皆が同意しています。

八月十四日

O・M・グリーン氏が戻り、だいぶ前よりも調子が良さそうです。ジョン・バラ氏を任命することが望ましいということについて、彼が私たちに全面的に同意していることを、あなたはお知りになるでしょう。改革派ミッションは、私たちからジョン・バラ氏を得ようと、あらゆる可能な努力をしていますが、彼と彼の妻は、私たちのボードによる任命を私が申請することを認めています。私たちには一番の見込みがあると思いますが、もし仮に改革派ミッションが彼らを得るとするならば、それは私たちのボードが任命に同意しないということが理由になるでしょう。しかし私たちはそのようなことがあろうとは、とうてい考えることはできません。私たちが当地と江戸にも学校を持つということは、素晴らしい考えだと私は思っています。学校を持つことが、伸び行く世代、しかも忠実で影響力のあるキリスト者に作り上げられる見込みのある世代に、手を差し伸べる最上の手段であることを経験が示しています。私たちは人々を自由にするまで、当地での働きをなさなければなりません。適任者と資力を与えてください。あなたは恐れる必要はありません。私たちはすべての教会の心を喜ばせるような報告をすることができるでしょう。

キリストに在って　　ヘンリー・ルーミス

(1)　マクドナルドMacDonald, Davidson（一八三六～一九〇五）　七三年六月、ウェスレアン教会の伝道会社からコクランとともに派遣され来浜。七四年四月静岡の私塾賎機舎に御雇教師として働いた。同年九月十一名の受洗者を得て静岡教会を創立させ、四年間で百二十九名の受洗者が出たという。また日本メソジスト教会の育成と伝道に大きな役割を果たした。

（2）コクランCoachran, George（一八三四～一九〇一）　カナダ・メソジスト教会宣教師。カクランともいう。一八七三年六月マクドナルドと来日。七四年ユニオン・チャーチで中村正直に洗礼を施す。東洋英和学校を創立、校長となった。また聖書翻訳委員として旧約聖書和訳に従事した。

（3）マクレーMaclay, Robert Samuel（一八二四～一九〇七）　日本最初のメソジスト派宣教師。一八四五年ディキンソン大学卒業、四八年香港に派遣され、七一年まで中国伝道に貢献。帰途日本に立ち寄り、伝道の必要性を感じ、七三年六月十一日に来浜。七五年六月天安堂で最初の教会を創立、八四年まで日本ミッションの総理を勤め、青山学院の母胎をつくった。

13　今後の計画

横浜　一八七五年八月二十一日

エレンウッド博士

私は、最近『ミットフォードの日本昔話』を、再度読み返しています。もしあなたがこの人々の内的生活と、彼ら自身の記録から、彼らがどういう人たちであったかをご覧になりたいのであれば、これに比較できる作品は他にないでしょう。何はともあれ、お読みになるべきです。そうすれば日本における男女の物語の主人公たちについての古くからの考え方を、おわかりいただけるしょう。これらは標準的な著作であり、ほとんどすべての人々に親しまれています。それらは恐ろしい堕落の状態を暴いていますが、著者（ミットフォード氏）の注解にそのような不道徳な状況を隠くそうとするとか、あたかもそれを賞賛するかのようなところがあるのは、唯一の弱点であり、読むに相応しくない多くの部分を翻訳するに当たって、（数文字不明）。そのあるものは、彼のまとめた本の不完全な部分の（数文字不明）中にあります。その本は最近、より安価な一冊にまとめられて出版され、あらゆる意味で古い版よりも好ましいものです。私が読んだもので、この国の人々の内的生活や性格が過去において（現在においてもかなりの部分がいまだに変わらないのですが）どのようであったかを、これほど明らかに、私に示してくれたものはありませんでした。そのような人々が英雄として敬われ、崇拝されているのですから、他の腐敗があることや、福音が必要であることは、これ以上明白なことはありません。

O・M・グリーン氏が昨日江戸から戻り、私たちは正式ではありませんが、私たちの運営計画を決めることができました。全く異議のないものにするには、カロザース氏の承認（彼はなお不在ですので、私たちはまだ得ていません）だけが必要です。私たちの知る限りでは、カロザース氏の見解にも合うと考えても間違いないと思います。

私たちの計画はジョン・バラ氏がここに留まり、ヘボン夫人の男子生徒を引き受け、同時にO・M・グリーン氏と私が教えているクラスの生徒たちも引き受け、それらを中核として、男子の学校を始めるというものです。このことは初めから彼に五十人から六十人の生徒を与えることになるだろうと私は思います。彼は多分、以前の彼の学校からも何人かを連れてくるでしょう。

そこで彼の妻はヘボン夫人をできる限り助け、ともに良い女学校を作ることができるでしょう。そのような援助なしには、ヘボン夫人は良い働きを続けることができません。またバラ夫妻はここの教会で働きのすべてについても手助けをしてくれるでしょう。そしてこのようにして、以前にはなかった立場と影響力を私たちにもたらしてくれるでしょう。改革派と婦人一致海外伝道局の両ミッションを合わせた影響力は、私たちをまことに影の薄いものにしています。

そこでインブリー氏が江戸に行き、O・M・グリーン氏とカロザース氏が共にそこの学校に、完全な神学課程を加えるでしょう。ミス・ヤングマンは間もなく、その市、つまり江戸の別の場所に移るようです。そしてグリーン氏が、彼女の学校に関連して礼拝を開始することができます。いくつかの良い場所が見つかりましたので、アメリカン・ボードが京都で行ったように、日本人の名義でその土地は購入することができるでしょう。

もしタムソン氏が私たちとともに働くことになれば（私たちは彼がそうするように願い、そのようになるように準備をする努力をしています）、O・M・グリーン氏がここにくることができ、私が新潟に行くように解放されるのです。しかしながら、他に誰かが、私たちと一緒に行く必要があり、あなたに、その場所に適任である人をぜひ送っていただかなければなりません。私たちはここと江戸で有利になるように、私たちの働きを拡大すべき状況にあるようです。バラ夫妻の就任は、私たちの効率を上げることに大いに寄与するでしょう。（数文字不明）すべての人に高く評価されています。私たちは改革派ミッションがあらゆる努力を払って、彼らを私たちから取ろうとしましたが、私たちが先んじて勝利を得ました。二人は私たちに大いに同情しているように見受けられます。そして将来平和と善意を広めるようにすることと信じます。

キリストに在って　H・ルーミス

追伸　ミス・ガンブルは、夏を田舎でS・R・ブラウン博士と過ごしています。彼女を召還するのは、早ければ早いほどよいです。彼女は、私たちのミッション全体を（数文字不明）侮辱し、大きな害を与えています。

H．L．

追伸　私は、今アメリカに一年間滞在中の、ホノルルにあるオアフ大学のチャーチ総長から手紙を受け取りました。彼はニューヨーク州、オノンダガ郡ファイエットヴィルに、ほとんどの場合滞在することになっています。

彼は当地にきてくれる見込みがありそうなふうに書いていますが、伝道地の様子や国についてさらに明確に知らせてもらうまでは決めないでしょう。彼はなお総長としての地位にあり、何か他のさらに重要な仕事の見込みがなければ、元の仕事に戻りたいようです。

彼は江戸や、どの新しい伝道地にとっても相応しい人であると私は思っています。宣教師としての資格を持っていませんが、彼は実際に素晴らしい宣教活動をしています。彼の経験はこの宣教の場において大きな価値となるでしょう。彼について調査をして見ましたが、あらゆる筋から、彼自身と彼の優れた妻について、素晴らしさの立証以外はありませんでした。あなたはどこからも二人として、これ以上の人を見つけることはできないでしょう。彼らは二人とも善良な分別が与えられていて、実質的で忠実な働き手です。私が配置される部署がどこであっても、同僚として彼らを迎えられるならば幸いです。私たちはともに良い働きを果たせると確信しています。教育機関を管理するには、あなたは彼以上の人を得られないと私は考えています。彼は説教者としての資格を得るつもりにしていると私は信じています。彼が資格を得た場合には、彼を私たちの働きにとって、足りないところのない人と見なすべきであります。そして現在でさえ、他の牧師職に任命された宣教師と一緒であれば、部署に就くことができる人です。このことを充分配慮いただき、できれば彼を呼び寄せて、彼と彼の妻に会っていただきたいのです。彼らはシラキュースから九マイル、ニューヨーク市鉄道のマンリウス駅から四マイルのところに住んでいます。　敬具　H．L．

14　ミッション・スクールの設立と発展

横浜　一八七五年九月九日

エレンウッド博士

あなたからの手紙をいただき、健康を随分回復されたことを知り、とても喜んでいます。あなたがアメリカにいらっしゃることによって（健康で仕事に留まることができたなら）教会の負債を防ぐことはできなかったにせよ、それを減少させることができたことでしょう。しかし、あなたは今や、ご覧になったことや、何が真実であるか知っていることを語ることができ、かえって良く諸教会を奮起させることができるでしょう。

あなたがお望みでした漆器を手に入れましたが、明日出港する汽船は、香港で満載になってしまったので、乗せられないでしょう。でも、コロラド号が来週当地に寄港し、あまり遅れないでしょうから、その汽船で送るように手配しました。

購入することについてはできる限りの努力はしましたが、なにぶん経験がないので、即売に

ツルー夫人　横浜共立学園蔵

最も適した品物を選ぶことができなかった可能性はあります。目的に最もかなっていると思われる品揃えの中から選ぶように努めました。どのような品が最も良く売れる物であるか、あまり需要のない物が何であるか、教えていただければ幸いです。将来何をお送りするのが良いか知ることができますので。

現在の形で荷箱は九八ドル六〇セントかかりました。さらに船積みのための支払いをしなければなりませんが、多分後者の場合、運賃を当地で払わなければならず、全部で一〇〇ドルを多少越えるものになるでしょう。運賃はニューヨークでも支払えると思ったのですが、二〇ドルに満たない金額の場合は先払いするように言われています。

ジョン・バラ氏は彼の学校を開設しました。生徒は三十人ほどと思います。それが知られるようになれば、増えること間違いないでしょう。彼はその学校にたいへん誇りを持っていて、成功間違いなしと思います。彼の夫人は家々を訪問したり、婦人たちの間で仕事をして、私の教会の働きを助けてくれるでしょう。

ツルー夫人(1)も私たちに加わる意向のようです。そしてヘボン夫人の学校に係わるか、江戸でミス・ヤングマンと働くことになるでしょう。しかし、あなたが中国からくださった便りに驚いています。日本においてすべての人々からこれほどまでに尊敬されていて、思慮分別のある生活やキリスト者としての熱意が、特にその働きにおいて適している人はバラ夫人とツルー夫人のほかに二人としていないと私は信じています。ツルー夫人は横浜で多くの心からの友を得ています。そして私たちのボードの宣教師としての任命が好ましくないということは、私が初めて見たり聞いたりすることです。私たちミッションのすべての者が彼女を好んでいます。この宣教の地は他の多くの地と異なっています。プライン夫人は（彼女の弱点は数多くあっても）S・R・ブラウン博士が彼のすべての知識をもって行った以上のことを、日本のために宗教的に行っていると私は信じています。一人は当地に四年いて、一方はおよそ十三年います。そしてプライン夫人は日本の言葉を学ぼうとしませんでした。ツルー夫人は言葉を熱心に勉強していて、宣教師として成功すると私は信じています。ヘボン夫人はとても弱っていて、学校を長くは担当して行けそうもありませんので、ツルー夫人は私たちの大きな助けになるでしょう。

ミス・ガンブルが当地にくる計画はうまく行かないでしょう。彼女は私たちのミッションの誰とも言葉を交わす間柄ではありません。そして横浜にいるすべての者を特に嫌っています。彼女が当地に留まることは、単にお金の浪費です。

新島牧師は京都に学校を開設する許可を日本政府から得ました。これは大きな前進です。彼はデーヴィス氏の協力を得て、直ちにキリスト教大学を創設します。
先週の月曜日のミッション会議で、私はチャーチ総長を招く提案をしました（数文字不明）始めてもよい年齢。ミセス・ルーミスから奥様とあなたによろしくとのことです。

敬具

H・ルーミス

エレンウッド博士（訳注：夫人が追加）

ルーミスが新潟に発ちましたので、P．M．S．S．[2]会社から、あなた宛ての箱を（文字不明）の方法では送らず、帆船便で運賃が二九ドル一八セントで済むとの連絡を、私が受けました。数日内に出港するニューヨーク直行の帆船（「ローサム」号）が港にいて、百日で到着すると思われますので、私はその船で送らせるように指示をしました。その変更をご承諾いただきますようお願いします。船荷証券を受け取り次第お送りします。
あなた、奥様とお子さま方、皆さまがお元気のことと思います。近いうちに奥様からお便りをいただけますことを楽しみにしております。

敬具

ジェーン・ヘリング・ルーミス

（1）ツルー夫人True, Mary T.（一八四〇～九六）オーバン神学校出身のツルーと結婚、しかし一八七一年十月夫が死去、夫の志を継ぎ外国伝道に入った。七三年中国に渡ったのち、七四年来日、七五年米国長老派教会伝道局のすすめで京橋教会（巣鴨）で伝道を始め、七九年金沢に移ったのち帰米するが、八四年再来日、原女学校、桜井女学校などの発展に寄与した。

（２）P.M.S.S.太平洋郵船会社Pacific Mail Steamships Co.　一八六七年にサンフランシスコ―横浜―香港を結ぶ定期航路を開いたアメリカ系汽船会社。横浜の海岸通四番に事務所を設け、神戸―長崎―上海を結ぶ定期支線も開いて表日本の輸送をも独占した。その後、三菱汽船（日本郵船の前身）などとの競争に敗れ、一九一五年に撤廃した。

第四章

日本伝道の新たな展開

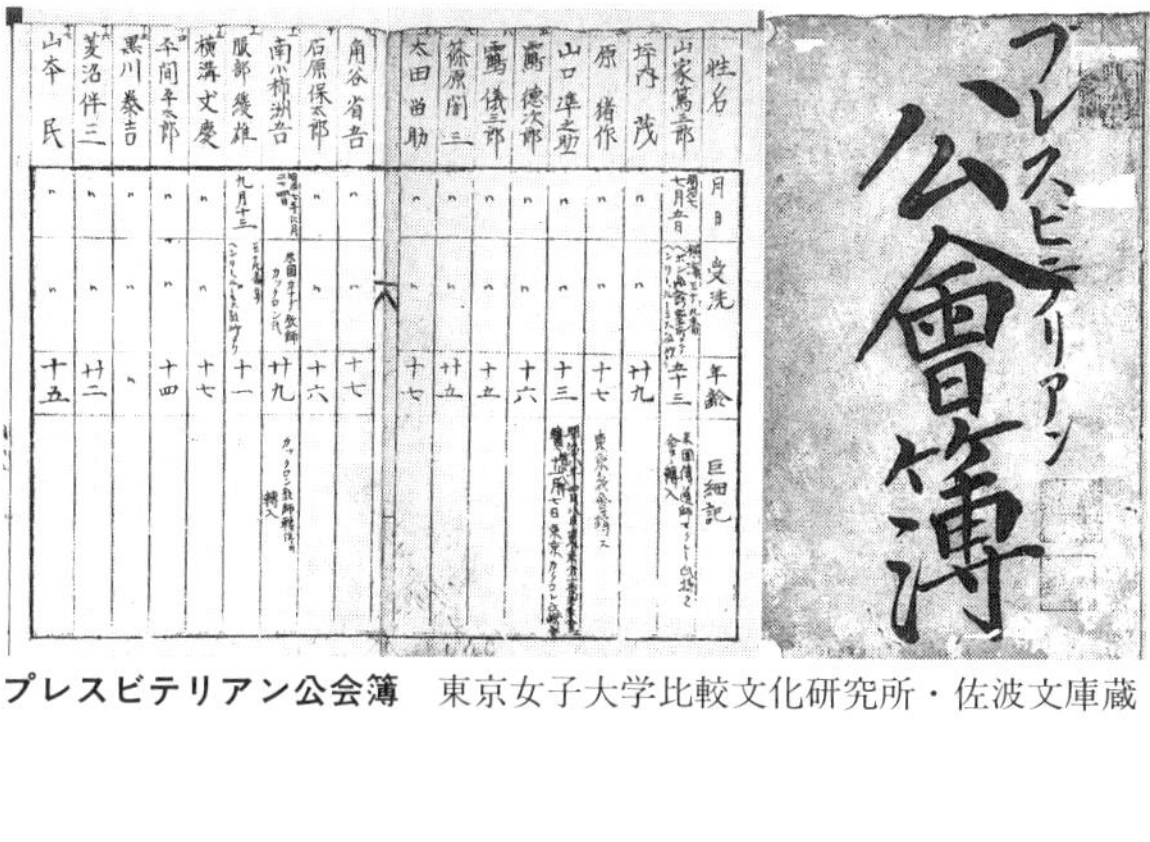

プレスビテリアン公会簿　東京女子大学比較文化研究所・佐波文庫蔵

1　新潟視察旅行、長老派会議

横浜　一八七五年十月八日

ラウリー博士

前便で、八月二十四日付のあなたの手紙を受け取り、親切な励ましの言葉をいただき感謝しています。ボードとミッションが良いと決める所であれば、どこでも働きたいと願っています。横浜に留まることも結構ですし、決定されるならば、新潟にいつでも行く心づもりはできています。

ミッションの指示により、先日新潟へ視察旅行をし、その前途の明るい見通しを喜んでいます。多くの点から日本にある最も好ましい宣教の場所です。

その町は東京（江戸）の北西二〇〇マイルにある信濃川の河口に位置しています。その川は汽船で四〇マイルほど、土地の船で八〇マイルほど航行可能です。その人口は周辺の村を含めておよそ六万です。そこは帝国の最も大きくて、裕福な地方の中心となる都市であり、六つの地域と佐渡島の商業中心地です。自然の立地条件からも西岸全体において、どこよりも重要な土地となっています。

また最近、地方裁判所と、六地域の教師の管轄と教育を含む、師範学校の建物を設置する場所に決められました。六つの国立最高学府の一つもそこにあります。こうした学部のために、新しい広大な建物が建設途上にあります。このようにして、そこは影響力のある重要な中心地になるでしょう。

この国のその地方の人々は、特に強力な仏教帰依者です。その地を最近訪れたその宗派の高僧は、一日に一万ドルにのぼる献納金を受け取っていると言われています。彼を一目見て話を聴こうと群がった群衆の中には、押し潰されて死んだ人々もいました。このような帰依する精神は、この近辺に広く行き渡っている無関心や富に対する貪欲さよりは、好ましいと私は見なしています。私たちがキリストの道に入って行ったのと同じ情熱です。

ワイコフ　日本キリスト教文化協会蔵

しかし人々がすべて偏屈ではありません。国立学校の理事が最近江戸から派遣されましたが、彼は日本で私が今まで見た最も進歩的な人の一人です。彼は生徒たちに他の教科書と一緒に聖書を配布しています。彼はキリスト教教育を主唱していて、希望者には聖書の教えを受けられるようにしています。校長のワイコフ氏（熱心なキリスト者でラトガーズ大学の卒業生）は毎安息日の朝、最上級の生徒たちに聖書のクラスを開いています。その学校の理事は私たちにとても親切で、その地にきて住むように心から招いてくださっています。彼は私を師範学校に連れて行ってくださいました。そして、そこの理事もとても友好的でした。これらの両方の学校は宣教の場として私たちが入ることができ、それらを通じて何百万もの人たちに近づく手段となることに私は疑いを持っていません。越後地区だけで百三十六万八千七百八十二人の人口があります。

外国人は町のどの部分にでも、家を買ったり住んだりすることが許されています。素晴らしい土地を最も望ましい場所に、五〇ドル以下で確保することができます。建物の値段も横浜の三分の二です。町の衛生状態の程度も横浜や江戸と見たところ同じです。

宣教活動の場として、一ダースほどの外国人の住人にしか会わないことや、彼らの影響を受けないことは、最も好ましい特徴の一つです。最近の変革によって港は開かれていますが、広範な外国貿易には実際上閉じられているようです。地元の帆船は数多く行き来しています。

まだプロテスタントのミッションはその地にはありません。イギリス教会宣教会（CMS）のタイソンさんという人が間もなくそこに行くようですが、他のミッションがその地に進出しようとしているということは知りません。

スコットランドの医療宣教師会のパーム博士という人が、今年の五月からそこにいらっしゃいます。彼はこの国において有能かつ優秀な人の一人です。医者ですけれども、彼のおもな願いは福音を述べ伝えることです。しかし彼は彼独自の教会を建てるつもりはなく、私たちがその地にくることと、私たちを援助することを望んでいます。彼は有能で価値ある助力者になるでしょう。彼は私たちの教義と規律を好んではいますが、そこに最初にきた人たちに多分協力することでしょう。彼は、私たちがそこにくるのにさらに一年を要するのであれば、私たちがくるまでの間、彼の説教を助けてその宣教の場所を維持するために、現地人の助け手を私たちが送るべきであると、私に求めました。彼は、その助手の給料を支払い、生活の場を整えるつもりです。また必要とあれば指示を与えることもするとのことです。

ミッション会議の報告書からもお分かりの通り、可能な限り速やかにそこに宣教師を送ることが最良と思われます。春には二人を送ることができるように補充されたいと望んでいます。可能であれば二家族が行くべきであり、今二人の女性がそこに住んでいますが、一人はすぐにでも戻ってくるようです。説教する資格を受けたばかりの二人のうち一人を、宣教の場を当面保持するために送ることができればと願っています。

今回の長老派会議はかつて開かれたもののうちで、最も重要なものの一つでした。私たちの仲間にインブリー氏を加えることができて喜んでいます、彼は必ず重要な働き手となる見込みがあります。

江戸で勉学に従事していた二人の青年に、福音を説教する資格が与えられました。試験の結果はたいへん満足できるものであり、彼らがとても役に立つと信じて間違いないと思います。もう一人の牧師職資格志願者は、私たちの監督のもとにあります。そして牧師職の勉学を遂行できなくなった者は、名前が名簿から削除されました。

ミラー氏には、ニューヨークのクラシックスに参加するため、免職を許可する旨の手紙が与えられました。

カロザース氏、O・M・グリーン氏、インブリー氏は、牧師職資格取得志願者のための学習課程と、現在私たちの監督下にある学校の委員に任命されました。

完成された信仰告白と教会規則を発行する権限が与えられました。

ジョン・バラ氏の学校は、現在、生徒が三十八人に増え、私たちの働きを遂行するための最も重要な手立てになることは疑いありません。現地人の助手や付随的な費用を支払うために、私たちは現在、少額の授業料を課しています。

他の方々からも、関連する事柄については、十分報告をお受けになると思います。私の健康は旅行によりとても改善されました。神の祝福によってきたる年が以前にも増して繁栄するものと信じ、祈っています。

キリストに在って　　　ヘンリー・ルーミス

２　インブリーの教会の件をタムソンと検討

横浜　一八七五年十月十一日

エレンウッド博士

初めに、私たちの新しい宣教師のインブリー夫妻をたいへん誇りにしていますことを、お伝えしなければなりません。彼らは私の知る限りにおいて、とても適切な印象をすべての者に与えています。そして、彼らは私たちの労働力にとって、最も価値ある力を加えるものと確信しています。インブリー氏は直ちに日常の仕事に従事しています。そして、彼の穏健さ、聡明さ、分別は、非常に必要とされている資質です。

私たちのミッション会議では、タムソン氏と彼の教会の件を検討する委員が任命されました。タムソン氏は、私たちの長老派に、現在彼の教会を属させるのは、自分の自由であると考えてはいません。しかし、七二年の協議会での決議事項に彼が縛られないと考えるならば、彼はそうすると私は考えています。しかしあの会議に参加した他の人たちが、そのときになされた決議をどう理解しているかを確かめることが提案され、問題の解決がそれによって行われることが望まれています。タムソン氏の教会は不安定で、不満足な状態にあります。自分がすべてを現地人の手に任せたことが間違いであったと、彼は今認めています。現地人たちも今は、今後の教会集会に宣教師たちの立ち会いと指導を望んでいると、私は理解しています。牧師に任職された（タムソン氏が議長を務めている）二人の青年は、以前彼の教会の会員でした。

私は無任所牧師の一人を直ちに新潟に送り、春に別の者が行くまでその地を確保しようと努力しています。パーム博士はこのことを要請していましたし、彼は助手代を払い、住む所を整えてくれるでしょう。

新潟への旅に出る前に、依頼の骨董品の箱を船積みしようとしましたが、お茶の季節が最盛期のようで、彼らはそれらの荷物を引き受けようとしません。彼らはそれらの荷物をパナマ経由で送ろうとしません。そして、陸路経由の料金は、帆船による運賃として支払った額のおよそ三倍になるでしょう。貨物は九十日でニューヨークに着くと保証されています。その遅延が購入された方々にとって、大きな不便とならないように望んでいます。船荷証券を同封します。私は運賃を前払いしなければなりませんでしたので、予約手数料と合わせますと、私が財務から引き出す権限を与えられている金額を十二ドル越えてしまうと思います。

江戸が外国人に開かれるのは間違いないとの噂がありますが、その報道に確かな根拠があるのか分かりません。

多分ヘボン博士がお伝えすると思いますが、私たちはこの土地を処分して、どこかに土地を確保するほうが良いと考えています。何人かの人たちが購入することを望んでいて、どこかに土地を確保するために、十分な価格が提示されると思います。

私は昨夜、神奈川に出掛けて説教をしました。そこには二人の心からの信仰者がいると思われましたので、多分その人たちを次の聖餐式のときに教会に受け入れることになるでしょう。私たちは、このことがその土地の教会の中核になることを望んでいます。江戸から生徒の一人が安息日ごとにきて当地での働きを助けています。私たちは望ましい聴衆が与えられ、大いに勇気づけられています。

二人の強力な男性によって、春には新潟に宣教の場を確保できるように、あなたが私たちに補充の人たちを送ることができることを願っています。それは現在日本における最も素晴らしい機会になると信じています。

ラウリー博士宛ての手紙もどうぞお読みください。

ミセス・ルーミスからもよろしくとのことです。

敬具
ヘンリー・ルーミス

3　受洗志願者の指導

横浜　一八七五年十月二十五日

エレンウッド博士

　ドッジ博士夫妻がサンフランシスコに向けて明日発つ予定ですので、その機会にあなたへの手紙を託そうと思います。

　私は『フォーリン・ミッショナリ』誌で、日本に関するあなたの優れた記事を、最近読みました。あなたは事柄を正確に述べておいでた。私たちの輝かしい宣教の地についてのあなたの説明を喜ばしく感じ、それがこの素晴らしい国のために新しい熱意を奮起させるように願い、祈っています。その自然の美しさや、キリスト者の国になろうとする最近の発展ぶりについて、まだすべては語られていません。デーヴィス氏は今、新島牧師の学校の助手として京都にいます。ベリー博士もそこに行きたいと望んでいて、間もなくそのようになるようです。新潟への旅以来、今までに感じたこともないほどに、異教の教義が退化しているのを感じています。私たちがやってきたこの島の西側にあるすべての地域において、女性や少女たちは重荷を運ぶために雇われ、幼くて重い荷物を背にして運べない者たちは、駄馬を引くことに携わっていました。それは私にとって悲しい光景でした。

しかしさらに悪いことには、大きな町（白河）では、泊まれるようなまともな宿を見つけることができませんでした。すべて売春をするための所のように見受けられました。私はその後、国の多くの所で、このことが一般的であることを知りました。そのことについて恥の感覚がないように見受けられます。この国の人々はいかに多くの福音を必要としていることでしょう。

今夜わが家で六人の受洗志願者が指導を受けました。三週間のうちに行われる聖餐式で、幾人が受け入れられるかまだ分かりません。

昨日の私たちの礼拝では、多くの優れた聴衆が与えられました。夜には百人近くがいたに違いありません。私たちはいろいろな方法で徐々に礼拝を拡大しています。そして過去より未来に、さらに多くの成果を求めています。

最近、説教者資格を取得した男性の一人を新潟に、春までその地を確保するために、送ることができなかったことを、まことに残念に思っています。他の人々は一人を送ろうと切望していましたが、カロザース氏はそのことを支持しませんでした。そのようなわけで、J・H・バラ師の教会の一人が代わりに行くでしょうから、私たちはパーム博士の援助を失うことになりますし、彼も基礎からやり直さなければなりません。私自身直ちに行きたいと望んでいるほどです。妻も同じように感じています。春にはその場所を確保したいと強く願っています。可能であれば早くて五月にと思います。取り急ぎ。

ヘンリー・ルーミス

4　ヘボン夫人の学校が日本人学校に

横浜　一八七五年十一月二十五日

ラウリー博士

今月の第一安息日に、私たちの教会に、さらに三人の有望な会員が加えられたことをお知らせできますことは、とても喜ばしいことです。彼らは現地の町の教会堂での説教を通して、真理に導かれた者たちです。以前聖餐式に連なることを許された一人も、その現地人教会の会衆の一人ですが、彼らは現在私たちの礼拝のすべてに定期的に出席しています。

学生のクラスの者たちよりも、これまで少ししか影響を受けていない一般の人々を、今私たちはしっかり掴みつつありますが、彼らは学生のクラスの者たちと違って、定まった所に居住しているようであり、教会にさらに固定的で永続的な性格を与えるものと思います。礼拝堂の聴衆はとても熱心に聴いていて、ときには部屋が完全に満員になります。

ヘボン夫人は、二十名の少女たちのいる彼女の学校に、さらに五人の生徒を迎えましたが、それは私立の日本人学校となっていて、その教師と生徒たちは皆定期的に聖書の教えを受けています。ミセス・ルーミスは昨日彼女らを受け持ち（以前の生徒およそ四十名とともに）聖書と裁縫と歌を教えました。

ミセス・ルーミスの生徒の一人[1]は、今ではオルガンで正確に何曲かを弾くことができます。もう少し練習をすれば、どのような曲でも彼は弾けるようになるでしょう。

ジョン・バラ夫妻が、私たちのミッションに任命されたことが正式に発表されて、とても喜んでいます。二人は非常に優秀であり、私たちの戦力にとって価値ある増員です。バラ夫人は家々を訪問して、とても有意義な働きをしています。彼女はこのための特殊な適応力を備えていて、宗教的な労働というこの特別な部門で、彼女自身の助けとなる多くの経験を積んでいます。家々を訪問することは、人々に接するためにも有効な方法の一つであり、好機会は限りなくあります。彼女は婦人たちや学校の少女たちのために週一度の祈禱会も始めました。

婦人一致海外伝道局（ディラナス夫人）が、バラ夫人に彼女の支度金と渡航費の返却を要求していることを、手紙を書いたときに私は申し上げませんでした。そのことについて先方のボードと、あなたが話し合いをつけられるような方法で処理していただくように、あなたに手紙でお願いするように私は依頼されました。婦人一致海外伝道局によるこの請求以上のものを、バラ夫妻は何も要求していません。

私たちが他のボードに何がしかをもし払わなければならないならば、ミラー氏とミス・ガンブルのケースのように、私たちのもとから移籍した人々について、なぜ同じ請求がされなかったのか、私には理由が分かりません。

私たちの困難の処理についての、前便でのあなたの提案はとても賢明でしたので、ご提案のように遂行されることを心から望むものです。もしカロザース氏が教会をO・M・グリーン氏の管理のもとに置くのであれば、当地でも母国でも、他の人々に多くの問題を与えている女学校の問題は多分解決されるでしょう。グリーン氏はすべての人々から尊敬と信頼を得ていて、彼の進めることは非常に賢明であり、実際的であります。

カロザース氏の現在のやり方は、彼と彼の教会を私たちの長老会から急速に全く切り離すことになります。彼はボードと長老会の両方の決定に同調することを拒否していて、彼の独特の見解に合った新改訂訳聖書を出すことに、現在携わっています。最近説教する資格を得た者たちの一人で、当ミッションの資金から援助されている人を、このむちゃな計画に従事させています。彼が、月に一つの割合で福音書（新しい翻訳）を出すという、彼の目的を始めたときには、その仕事がいかに価値のあるものかと、あなたは思われたに違いありません。『夜明け』（『ピープ・オブ・デイ』）の翻訳は、ミッションに三〇〇ドル費やさせました。この金額のうち二八ドルを本の売上から得て、その書店はその設立費用がボードから支払われた後、間もなく閉店されました。その本は売られておらず、またそこに保管されてもいませんし、その建物は売られるか、あるいは別の目的のために使用されなければならなくなるに違いありません。マーティン著『キリスト教証拠論』のカロザース氏による翻訳は全く不完全なもので、他のものが代わりに出されています。

カロザース夫妻は母国で教会やその他に対して、女学校のために別の校舎建設資金を懇請しています。これは全く間違った行いだと思います。私たちのミッションの中で、カロザース夫人ほど仕事のために広い設備を持っている者はいません。現在の建物はいっぱいになっていませんし、同じ数ほどの学生のいるミス・ヤングマンは、彼女の仕事を遂行するのに、彼女の住まい以外の建物なしに、立派な働きをしています。

タムソン氏を私たちの仕事のうちに完全に連なることになる、私たちはそう信じているのですが、交渉が現在行われています。「合同運動」は、よりはっきりした（文字不明）を間もなく取るでしょうし（そう期待されています）、そして現在の混乱は十中八九解決するでしょう。私たちは、その結果がどのようなものであるかはまだ（文字不明）することができません。少なくともボードにとって、それは満足のいくものでしょう。

マッカーティ博士が、江戸にある女子師範学校の外国人の理事になると聞いています。これはとても重要で責任のある官職であり、その地位は、優秀で責任感の強い人である博士にとって名誉なものであります。

政府の最近の規則は、大学の教師たちに安息日を許可しています（他の部門の教師たちも、もし彼らがそう選択するのであれば、そうすることを指示するものと私は思います）。これが、日本人が彼らの学校で聖書を許す仕方なのですが、安息日を学校に取り入れることは進展していて、このようにして若い青年たちを神の御言葉の教えに親しませるように、大いなる良い働きがなされて行くであろうと期待されています。

ここ数日、私はあまり元気ではありませんでしたが、今は多少よくなっています。私たちがインブリー夫妻をとても好ましく思っていることを付け加えさせてください。彼はこの宣教の場に適した人であり、立派に仕事を成し遂げるでしょう。

キリストに在って　ヘンリー・ルーミス

追伸　私は、カロザース夫人の学校が重要でないと、あなたに推測を促すつもりではありませんでしたが、申し上げたかったのは、現時点で要求できる最良のものと他の誰もが見なすようなものを、彼らが自分たちの仕事のために要求しているということです。カロザース夫人は忠実に仕事をする人で、彼女がより大きな施設を持つことができるならば、私も嬉しいのですが、実際は彼女の場合はその根拠が一番小さいのです。ついでに申しますと、これらカロザース夫妻の学校のいずれについても、授業料として受け取った金額についての報告の強要はなされていません（繰り返し請求しているのですが）。彼らが明確な経費支出としての説明なしに受け取ったのは、一五〇〇ドルないし二〇〇〇ドルより少ないことはないと思います。カロザース夫人の助手たちは、それぞれ別の方法で給与が支払われていて、一人は彼女の教師として、もう一人は伝道の志願者としてです。

こうしたことを、私はとても残念な思いをもってお話ししているのですが、彼らは際限のない難題を私たちにもたらしていて、カロザース氏のやり方に明確な変化がない限り、現地のキリスト者たちに大いなる害悪をもたらすでしょう。彼らは既にそれによって重大な影響を受けていて、急速にさらに悪くなっています。

H．L．

（1）横浜第一長老公会の会員である角谷省吾のこと。

5　イエスの訳語の問題

横浜　一八七六年一月十日

ラウリー博士

以下は、江戸で一月四日に行われた、日本基督長老会特別会議の議事録の写しです。

会議は議長であるタムソン牧師の祈禱によって開会。

ミッションのすべての構成員と、現地人教会の二人の長老が出席。

最近、下総の法典地区に形成された教会から、長老会に受け入れてほしいとの願いが提出された。この願いが承認されて、その教会を代表する長老である安川が名簿に加えられた。法典長老教会から、高橋五郎氏(1)を牧師にする要求が提出されたが、協議の結果、その要求は当分長老会の手に保留することを決定。

そこで総会の指示に従って、大会の代表権についての問題が取り上げられ、肯定的に決議された。

インブリー氏の動議によって、長老会の管理のもとで発行される印刷物において、Jesusを表す漢字に関連して、「イエス」という言葉を書くことを再考する件が取り上げられた。その協議の間に、戸田忠厚氏に、彼がなぜ『教会規則及び教義問答書』の翻訳委員会でともに仕事をしないのかという理由を述べる許可が与えられた。

そこで採決が行われ、以前と同様に、カタカナの「イエス」を漢字のJesusを表す言葉に添えるべきであると決定された。

タムソン氏の件は、ミッションの会議で取り上げることになり、保留された。

そこで長老会は閉会。

あなたは多分この同じ便で、カロザース氏から辞任[2]の手紙を受け取られると思います。Jesusという言葉についての私たちのとった行為が、彼にとって、私たちのミッションから離脱する十分な原因であると見なされていて、もはや私たちとの関係に留まらないというのは、彼の変えることのできない決心であると申し立てています。

あなたは既にお気づきと思いますが、カロザース氏は聖書翻訳委員会によって採用され、一つの例外を除いて、すべてのプロテスタントのミッションによって使われているJesusという文字の書き方を受け入れることを拒否したものと思います。カロザース氏は、最近マタイによる福音書の翻訳を出版し、彼独自の考えを広めるために、新約聖書全体を出版することを提案しました。彼の提唱する発音に従わない者たちは、彼の教会の説教者から外され、彼の頑固な方針の結果、重大な意見の相違が起こっています。その他の宣教師たちは、他のミッションの統一された慣行に従うことが賢明であると意見が一致しています。それを変更することによって大きな損失と混乱以外、何も得るものはないと私たちは見ています。これまでのところカロザース氏は、ほとんどすべてにおいて、彼自身の主張を

タムソン　日本キリスト教文化協会蔵

通してきたことは事実です。今までずっと平和のために、彼に対して常に譲歩がなされてきました。長老会の意見に、彼が譲歩しなければならない羽目に直面すると、彼は臆面もなく譲歩などするよりは、むしろミッションを去るという立場を取ろうとします。

カロザース氏は明らかにスコットランド・ミッションに加わろうと計画し（もし彼らが彼を受け入れてくれるならばですが）、できるだけ多くを私たちから持ち出そうとしています。彼は既に現地人の教会に、私たちから離れるように提案していて、必要があるならば独立した長老会をつくろうとしています。大きな問題が起きるのではないかと心配をしていますが、そのような絶え間ない悩みの原因から解放されることは救いになるでしょう。カロザース氏は、彼自身の身勝手な目的をかなえるためであるならば、彼の教会や長老会制のことをなどは、一切かまわないことは明白です。彼は来る年の活動費用の見積をなんと五六〇〇ドルも出してきました。ミス・ヤングマンの学校は、スコットランド・ミッションの医師による医療費の不当な請求がなければ、歳入の収支は保たれたに違いありません。しかしカロザース氏の学校は、ボードに多額の出費をさせ続けています。彼は過去三か月間で、ボードによって支払われるべき金額として、九〇〇から一〇〇〇ドルの請求額を提出していると思われます。この一部は、ミッションによって承認されていない建物のためのものであり、彼は領収書に従って支払われるべきであると述べています。

カロザース氏の辞任は受理されるべきであるというのがミッションの一致した声です。このような不和の要素があっては、私たちの働きを成功に導くことは不可能です。

タムソン氏は神学クラスの教育を手助けすることになっていて、合同運動の困った問題は解決に向かっているように見受けられます。タムソン氏のもとにある教会と、当地のバラ師のもとにある教会は、最近私たちの教会規則を、二つ以上の教会が同一管理のもとに合同する協同教会に関する規定を除いて受け入れていて、長老会に外国人の数と同数の現地人の構成員を任命しています。神戸と大阪の教会は現在厳密な組合教会になりました。

カロザース氏の辞任が受理されましたら、直ちに彼の代わりの牧師が派遣されるべきです。私たちはＯ・Ｍ・グリーン氏やインブリー氏のような人を望んでいます。彼らのどちらがよいという区別はありません。

私たちは春には新潟を確保すべきです。私はそこで知り得たすべてのことから、そこには優れた教会が置かれるべきであり、私たちが手間取るようであれば、他のものがそこに行って蒔かれたすべてを収穫するでしょう。もしそこへ私たちが行くことを望むのであれば、そのときは今なのです。イギリス教会宣教会（ＣＭＳ）の代表が失敗であることが分かりましたので、その地は私たちのために大きく開け放たれています。

その地に関してできる限り速やかに、さらなるご指示をいただけましたら幸いです。当地における私たちの仕事について必要な処置がなされるならば、ミセス・ルーミスと私自身は行くことを希望しています。そこでの仕事こそが、二つのうちで最も重要なものと見なしています。

カロザース氏が去るならば、ジョン・バラ氏が江戸の学校の責任を取るのが最善でしょう。そうすると当地にある男子のための学校は断念しなければなりません。

私たちの仕事の年間報告をタムソン氏がお送りするでしょう。なすべきことが多くある宣教の地で、私にはほんのわずかしか達成することができなかったことを残念に思っています。気候が私に合わず、多くの時間全く働くことができずにいます。私たちが移ることになれば、今の場所で改善がなされるでしょう。直ぐにこの土地と建物を売るか貸すなりして、もし新潟に行かないのであれば、山手に居を構えることが最善であると決めました。

私の健康について親切なお心遣いの言葉をいただき感謝しています。神の祝福によって、新しい年に私たちの働きにつき、より良い報告を、あなたになすことができますように望んでいます。

キリストに在って　　ヘンリー・ルーミス

（1）高橋五郎（一八五六－一九三五）越後柏崎の庄屋に生れる。緒方塾に学び、植村正久を知り、S・R・ブラウン塾で学ぶうちに受洗した。七四年からS・R・ブラウンが委員長をつとめる新約聖書の共同訳を手助けした。また旧約聖書では委員長ヘボンの補佐役として翻訳を助けた。

（２）カロザースの辞任　カロザースは東京第一長老教会を創立、伝道に対する姿勢は意欲的なところがあったが、他の宣教師と協調できず勝手な行動をとって反感をかった。七六年四月、日本独立長老教会を創立、同年九月ミッションから離脱した。これより以前、Jesusをどう訳すかで対立を見た。カロザースは「ヤソ」と訳すべきと強行に主張したが、インブリーが「イエス」と訳すべきと提案、自分の意見が受け入れられなかったのを機にカロザースはミッションを離れた。

6　カロザースが長老会の決定を拒否

横浜　一八七六年一月十日

エレンウッド博士

長いこと懸念していました危機がとうとうきてしまいました。カロザース氏は長老会の決定に従うことを断固として拒否していて、他に選べる唯一の道は、この便で自分の決心に従って自分の辞表を送ることであると述べています。彼が現地人のキリスト者の間で起こすと思われる問題を私たちは恐れていて、それは既に顕著になってきていますが、私たちの将来の平和や繁栄は、彼が根本的に変ってくれて、決定に従ってくれるか、あるいは私たちのもとから完全に去ってくれることにかかっています。単なる一語の発音をもって、彼が長老派教会を辞任して独立するとか、あるいは他の団体に属そうとする十分な理由と見なすようなことは、彼の代表する教会と、彼が今まで携わってきた道とに対する愛の欠如を露呈するものであると、私たちには見受けられます。

彼は自分の妻は、以前と同様にボードとの関係を保つべきであり、彼らが現在住んでいる建物を保持することを提案していますが、私たちはそのような計画を断固として拒否するつもりです。彼の高潔な奥さんの(文字不明)や献身を思えば思うほど、彼女のために、彼が私たちの働きに影響を与え続けることを、彼に許すわけに行かないのです。彼は、長い間、築地にある二つの女学校を一つに統合する唯一の妨げになっています。ミス・ガンブルが去って以来、彼を除いた全員が一緒に働けると納得しているのです。

タムソン氏の事柄はより明白になってきています。彼はすべてにおいて、より高尚な精神を示していて、できる限り調和を図ろうとしています。彼はただ通訳としての職を、ビンガム氏の在職期間およそ一年半の間、保っておきたいと望んでいます。彼は現在神学校で教えていて、長老派教会の強化に力を尽くしています。彼自身の教会は私たちの「教会規則」を、協同教会に関する規定を除いて、受け入れたところです。そしてすべての長老会に外国人と同数の現地人の構成員を配置しています。彼らが私たちと一つになることは、起こりそうもないなどということは、全くありません。

合同運動の問題はある解決に近づいています。神戸の宣教師たちは、Ｊ・Ｈ・バラ師あるいはタムソン氏の教会と、教会制度上の関係を持たないことを強く主張しています。しかし当地では基督公会か長老派のどちらかの基盤に立つことが主張されています。唯一の可能な結果は彼らの教会が完全に長老派になることであり、神戸と大阪では、彼らは既に組合教会になっています。これはタムソン氏と彼の教会にとって、彼らがこれまで感じていたような束縛もなしに行動する道を準備するものになるでしょう。もしそれ以前に手紙の交換によってできなければ、四月の会議でこのことのすべてが解決されるでしょう。

私たちは春には新潟に定着すべきと感じています。現在ある徴候から申し上げて、よい教会がまずできるでしょう。そして、その地全体が多少とも私たちのものになるでしょう。イギリス教会宣教会は、完全な失敗であると言われるような人をそこに遣わせましたので、私たちはキリストの御名を不名誉から守るために、可能な限り速やかに優れた人を送るべきです。

カロザース氏の代わりに、Ｏ・Ｍ・グリーン氏かインブリー氏のような人を、私たちのもとにお送りください。インブリー氏は私たちがまさに必要としている人物です。彼は家具をちょうど手に入れ、今日かあるいは、彼の品物を運ぶ船を送ることができ次第、彼は江戸に発とうとしています。吹雪と強風のために彼は一日、二日遅れるでしょう。

J・H・バラ師とタムソン氏の教会の私たちに対する気持は全く変わりました。今はその教会の会員たちは私たちにとても友好的です。奥野は再びヘボン博士の教師になり、讃美歌の準備に最近では私をも助けてくれています。彼らは私たちのために喜んで説教をして、現地の町の礼拝でかなりの援助をしています。

ミス・ヤングマンはたいへん健康が優れません。彼女の仕事はこれまであまりにも過酷だったのです。彼女の学校は、日本でとは言わないまでも、江戸で模範的な学校となっています。彼女が多くの困難と戦わなければならなかったことを考えると、彼女の成功は素晴らしいものです。間もなくいずれかの方法によって、彼女は交替者を得ることになると私は信じています。カロザース氏が去るであろうとの観点から、私たちは市中に土地を購入することを延期していて、同氏が去れば、彼女は一つの大きな学校と新しい土地を占有することになります。

当地の私たちの働きはうまく行っていますが、江戸や特に新潟と同じような面白みはありません。しかし湾の向こう側には福音の実りのありそうな地域があります。来たる夏にそこに渡ることができ、救いについての祝福された真理を聴きたいと願う熱心な人々に説教できるようにと望んでいます。

7　新潟行きを思案

横浜　一八七六年一月二十四日（訳注：差出人は夫人）

ラウリー博士

あなたの貴重な時間にお邪魔したのは申し訳ない気持ちですが、あなたがミッションについて個人的な関心を持っておられ、私たちが新潟に説教所を設置するかどうかについての指針を決める上で、関係するすべての人たちの意見をお知りになりたいことと思います。問題なのは実は、ルーミスを新潟に行かせるのかどうかなのです。なぜならば宣教師のうち誰もそのようにすることを提案した人がいないと思うからです。現在の私たちの状況はこのようなものです―当地での仕事に意を注がなければならないのですが、横浜は、教会の核となるものが既に形成され、知りたいという気持ちが一般に広がっている今、もはや新潟に見出せるような、宣教の努力を求めるような場を提供しなくなり始めたということです。このような重大な問題について、決心をするに当たってわがままを言ったり、性急にことを運ぶことを私たちは好みませんが、もしも私たちが行くべきであると明確な指示があれば、私たちは喜んで、そうです喜んで行くつもりであるとはっきり申し上げます。

　あちらの気候はよくないと言われていますが、ルーミスは自分の健康はあちらでも当地と同じであろうと考えています。もちろんそのような所に行くについてはいろいろな問題、そのあるものは予想もしないようなものがあるでしょうし、自己否定も当然要求されることになるでしょうが、私は特別な勇気を求めるのではなく、むしろ私たちは天の父による信仰の導きと、神の守りを十分経験していますので、私たちの将来を御手のうちに託し、主の導かれる所にどこであろうと喜んで従ってまいります。

　一方、意欲のある者にとっては、世界中他の多くの所と同じように、横浜にも多くの仕事があり、もしここに留まることが神の御旨であるとの確信があれば、私たちは喜んで満足して当地に留まることができると確信します。

　私たちは四年近く当地にいますので、当地に愛着を持っていますし、もちろん幼い子供たちのために緊急の折に友人の助けや助言を得られる所に留まる利点もあります。

　新潟には今二人の外国婦人がいますが、ワイコフ氏は政府に雇われていますので、いつ家族とともに新潟を去ってしまうかも分かりません。タイソン夫妻は英国聖公会の宣教師で、友好的で感じが良い人たちであろうと思いますが、私は彼らのことを良く知りません。もしあなたが新潟を宣教の根拠地として確保するつもりであるならば、一家族は当地の私たちの交替に、もう一家族は私たちと一緒に行く、二家族を送るようにお願いいたします。不足を言うべきではないと思いますが、そこに私たちが単独で行くのであれば、私が孤独にならないとは約束できません。

あなたは私たち二人について良くご存じですが、二家族だけであれば互いに頼り合うでしょう。どなたか気心の合う好ましい同僚を見つけてくださるように願っています。

最近私たちのミッションに迎えた人たちのような、すべての人たちに満足な印象を与え、非常に頼もしい働き手になること請け合いのような方々を送っていただくことを提案したいのです。同じような人たちをまた捜せたら、私たちのもとにお送りください。もし私たちが当地に留まるのであるならば、現在住んでいるところより山手のほうが、多分ルーミスの健康にはより良いと私は考えます。いずれにせよ私たちの住まいの場所を変えることになりますので、この件が早く決定されればされるほど、早く引っ越しの準備をすることができ、好都合でしょう。暑い季節の前に移ることができればと願っています。

私たちは快適な冬を過ごしています。そしてときとしては礼拝の出席者は以前程多くはありませんが、私たちの働きの上で勇気づけられるものがあります。ラウリー夫人とお嬢様によろしくお伝えください。お宅をお訪ねし、優しい忠告をいただきましたことを嬉しく思い出しています。

主人からもよろしくとのことでございます。

敬具

ジェーン・ヘリング・ルーミス

8　教会の合同の件が解決に向かう

横浜　一八七六年一月二十八日

エレンウッド博士

ウィリアムズ大学に在学中の私の従兄弟（四年生で、ＹＭＣＡの副会長をしていて、私たちの当地での仕事に関して何かを知りたがっている）に宛てた同封の手紙を書いた後で、あなたもきっと興味がおありであろうと気が付きましたので、開封のままお送りしますので、彼に発送する前にお読みになり、どの部分でもご利用ください。

この従兄弟はとても優れた青年であり、日本にくることを決心するように私は望んでいます。彼がニューヨークにいるときに、あなたをお訪ねするように伝えました。もし彼がそうしましたら、彼が日本に来たくなるように、日本のことについてあなたがよく伝えてくださるように願っています。

私たちの要請にいかに速やかにミッション・ルームで対応していただきたいかをお伝えしな

ければなりません。神学教室で授業に使うために、ウエリーの『教会の歴史』を十二部、送るようにミッション・ルームに依頼したのは、多分一年半ほど前だったと思います。依頼に対して何も返事がありませんでしたので、見落とされたのだと思い、サンフランシスコに一年前に依頼し、昨年の春入手し、それ以来学校で使っています。ヘボン博士宛にきた最近の手紙の中に、私宛の「ウエリーの『教会の歴史』十二部」の請求書が入っていて、九月に発送されたとありますので、多分今からこの春までの間に当地に到着するでしょう。ボード宛のミッションの手紙を同じ船が戻るときに送ることによって郵便料金を倹約できると、どなたかが提案していました。

我らの親切なロバート・カーターに、ロード博士の『神学論』を十二部、私たちの青年たちのために送るように依頼してください（もしあなたが最善と思われるならばですが）。彼らには買うだけの資力がありませんし、私たちはその種の本をとても必要としています。安価なのでピテツの『神学論』を使っていますが、彼らは私たちの言葉の慣用句に完全に精通していませんので、彼らには非常に難しい本です。私たちにはこの種のものが不足しています。もし入手可能であれば、あまり時間をかけずに送るように伝えてください。

現在、新潟には十三人の受洗者がいて、仕事はとても励みになると聞いています。バラ師は自分たちがその宣教の場を自ら占めることはできないと言っていて、できるならば私たちが行くべきだと言っています。

当地の商業は非常に不景気で、改善の見込みはわずかです。しかし、私たちの働きにはむしろ良いと信じています。富に夢中になるよこしまな人間の例は、私たちにとって大きな障害の一つです。彼らはうらやましがられ、一般の人たちがその例に倣うと見なされています。

神戸で発行されている新聞は、良い働きをなすと私は信じています。

合同の事柄に関連して存在した冷淡な感情はなくなり、他の教会は現在非常に友好的です。私たちが希望するときには、いつでも説教者を提供してくださり、あの教会と関係のある他の若い神学生たちも、ほとんど皆私たちを援助してくれています。彼らは、自分たちの立場と私たちの立場も同じように以前よりもよく理解するようになりました。この親切な感情の方が以前の一時、私たちが持ったわだかまりよりずっと感じのよいものです。両方の教会の精神的な成長のためにもとてもよいでしょう。

もしカロザース氏の辞任が承認されましたら、彼の代わりに優れた人をお送りいただかなければなりません。タムソン氏は自分ですべてを賄っていますので（通訳業に携わっていますので）、彼に当てた費用に引き当てて、もう一人他の人をお送りいただけないでしょうか。一人は当地の私の代わりになり、もう一人は私と一緒に新潟に行きます。

敬具

H・ルーミス

追伸　多分ラウリー博士は『若い宣教師たち』誌のために同封の手紙を利用されたいと思われるのではないでしょうか。もしラウリー博士がお望みならば写しを取りましょう。H．L．

9　聖書協会責任者ギューリックの来日

横浜　一八七六年三月九日

エレンウッド博士

最近の安息日に三人の新しい会員を迎えましたが、今の教勢が拡がる見込みにかつてないほど勇気づけられます。私を助けるために長老が江戸から呼び戻されて、優れた働きをしています。彼が二週間ほど前に、当地と江戸の中間にある川崎へ出掛け、礼拝を行い、大勢の人が集まりました。ところが先週月曜日に彼が行ったときには、僧侶たちが家々を訪れ、人々を脅かしたので、誰も彼の話を聴こうとしないことが分かりました。しかし幾人かは福音を聴きましたので、騒ぎが収まって再び話を聴くようになるときを願っています。

私たちはギューリック(1)氏を聖書の出版と配布を監督するために、当地に迎えることができとても喜んでいます。英語、中国語、日本語で聖書を供給することは、いろいろなミッションの間で大きな手間のかかる問題となっていました。真理を説き明かすために重要であり、かつ必要な手段となっているこれらの著述の購入や販売に、私はたいへん悩まされています。私たちが行う働きのあらゆる種類の助けとなるものを大量に供給できるように、保管して置くことのできる一般倉庫を今建てることは、その困難を解決するために最も上手な方法になるでしょう。ギューリック博士はそのような仕事に適した人であり、既に彼の存在は、遅々とした歩みをしている翻訳の仕事に、新たな刺激を与えています。宣教師たちは皆彼が当地に派遣されたことをとても喜んでいると思われ、この国が将来もたらす需要が、彼の任命がまさに時を得ていたことを証明すると確信します。

ところでギューリック博士は、今まで既にグリーン氏やバラ博士を支援してきているように、ヘボン博士への支援をも喜んで引き受けると申しています。私たちのボードに対するこの助成を私たちは受けるべきであり、ヘボン博士以外にそれに値する人はいないと思います。

ミス・ファニー・ギューリック（博士の娘）は現在、私たちの家にいますが、ミス・ヤングマンの助手として明日江戸に行くことになっています。彼女は二十一歳でとても聡明で明るく、その職務に適していると思います。彼女は指導者になろうとの野心を持っていませんので、これまでよりは事がさらに満足に運ぶでしょう。今の予定では三か月の試用期間の後、すべての関係者に満足であるならば、さらに先のことについて取り決めがなされることになっています。

ミス・ヤングマンの学校は常に成長していて、彼女は非常に助けを必要としています。

パーム博士は新潟から、Ｊ・Ｈ・バラ師と連携して教会を形成する決意をしたと書いてきました。そこで以前私が願っていたように、私たちが彼の助けを借りることはできなくなりました。現在のところ、そこに行くことが私の仕事だとは思っていませんが、すぐにでも誰かを送ることができればと願っています。

改革派ボードの宣教師たちは（当地と江戸の現地人の教会と一緒に）神戸や大阪等の教会と制度上連合していると主張しています。しかしこれらの教会は、そのような関係は存在しないし、そのような関連を主張する会議には出席しないと頑強に主張しています。そのようなわけで合同運動の問題は、間もなくそれ自身解決するでしょう。アメリカン・ボードの宣教師たちは事の事態にとても動揺していますが、目的のためにすべて良い結果になることを願っています。バラ師のもとにある教会は非常に友好的であり、私たちが望むときにはいつでも援助してくれています。私たちが教義問答を発行したことは、今のところ好結果をもたらしていて、信仰告白も間もなく出そうと願っています。

ギューリック博士はちょうど江戸に行ってきて、日本人のために訳した聖書の版の準備を一部整えてきたと話しています。それは大いに役立つと思われ、多分、間もなく発行されるでしょう。マーチン博士編集の『キリスト教証拠論』は最近発行され、好評を博しています。日本人は中国語の本文をそのまま言葉の順序を示す記号を書き添えて使うことができますし、固有名詞に日本語の綴りを添えて使うことができます。

カロザース氏によって引き起こされる大きな問題を私たちは恐れています。彼の今の計画では、持てるだけすべてを取って新しい独立した教会を建てるつもりのようです。

『クリスチャン・ウィークリー』宛の同封の手紙を読まれると、何が起きているかがお分かりになるでしょう。この祝福された仕事に、さらなる力が与えられることを望んでいます。私たちは二人ともとても(数文字不明)において幸せで、新しい日本語讃美歌の校正刷りの訂正を今日行いました。

米国の教会が、宣教師たちの困窮に気付いてくれることを望んでいます。そうすれば私たちは人材にも資金にも不自由することはないでしょう。当地でキリストのために働くことは大きな喜びです。

敬具

H・ルーミス

（1）ギューリックGulick, Luther Halsey（一八二八～一八九一）アメリカン・ボード宣教師。ニューヨーク大学で医学を修めた後ユニオン神学校で学び、七六年一月来日、アメリカ聖書会社日本支局を横浜に設立させた。七九年には神戸分局を設けて、聖書の普及に努めた。

第五章
ルーミス夫妻の帰国

長老派東京ミッションのメンバー（1880年代半ば頃）
米国長老派歴史協会蔵　小檜山ルイ氏提供

1　ルーミス夫妻の帰国

横浜　一八七六年四月八日

エレンウッド博士

私の宣教の場と、この最も祝福された仕事から去らなければならないことは、名状しがたい失望であります。ただそれが必要であるということと、私たちのものではなく、神のなせる業であるとの確信が、この最も沈痛な別離に私を従わせています。

ここ数日間の私の経験によって、直ちに辞めてしまってでも早すぎることはないことを、自覚させられました。強烈で持続的な頭痛がしていて、出発に伴う任務に当たろうとするときに、混乱をきたしています。

カロザース氏が去ることは大きな問題を伴っています。彼は私たちを「抑圧した」として非難していて、教会の中で彼の味方をする者たちとともに、強力な党派を結成しました。現在、彼は不愉快な事態を悔やんでいるように見受けられますが、それは既に遅すぎていて、感情があまりにも高まってしまったために、動揺した人たちを沈静することは不可能です。会員の半数以上が（牧師職の志願者二人を含む）一団となって教会から離れ、独立した組織を設立すると宣言しています。カロザース夫人の学校の三人を除いて、すべてがその例にならい、完全に去りました。

カロザース氏は彼の給料を三か月継続して支払うように要求しました。しかし二か月だけ許されたのですが、それでも長すぎたと私は思っています。もし追加額のおよそ一五〇ドルを、教会を使用するについて彼に支払わなければ、礼拝のために私たちにそこを使用させないと、彼は現在脅していますが（それが既に支払われていると理解されています）、そしてこの振る舞いは彼のやり方のすべてを守るためなのです。残された教会をＯ・Ｍ・グリーン氏が管理することになっています。男子の学校も解散してしまい、費やされた多くの時間とお金のほとんどが無駄になってしまうでしょう。

しかしタムソン氏は、私たち以上の深刻な問題を抱えています。独立の風潮が彼の教会内で混乱を引き起こしていて、教会によって、彼に委譲されていない権限を自ら行使したことの責任をとるようにと召喚されています。いわゆる東京日本基督公会は全くの無秩序のうちにあり、一昨夜あのＪ・Ｈ・バラ師（！）が私の所に見えて、自分たちが誤りを犯したようだ、タムソン氏は自分の教会を断念して、彼のミッションと一緒に働かなければならないだろう。そして自分は、私たちのボードの指示に従い、「新規まきなおしで」始めなければならないだろう、と言いました。私は、バラ師やタムソン氏の立場のようになりたくありません。

私たちの管理のもとにある当地の教会は完全に結束していて、多分十五人ないし二十人が間もなく受け入れられるでしょう。私たちの牧師職志願者たちは、立派に行っていて、新しく地位に就いたO・M・グリーン氏とともに毅然とした態度を取っています。

私は総会の代表者に任命されましたが、出席したほうが良いのかどうか、いささか疑問を抱いています。私が何を行ったら良いのかあなたの考えを、そして家族を養うために私に何か職を見つけていただけるのでしたら、サンフランシスコの私宛に手紙をください。お伝えしたいことがまだ多くありますが、ここで終わりにしなければなりません。

敬具

ヘンリー・ルーミス

追伸　ビンガム氏は、江戸が間もなく外国人に解放されることが取り決められ、そしてそのことは国全体の解放につながるであろうと申しています。

H. L.

2　カリフォルニアで静養

ヒールズバーグ・カリフォルニア　一八七六年六月六日

ラウリー博士

ご親切な同情の手紙をありがとうございました。サンフランシスコに到着したときにルーミス博士から手渡されました。私たちは、あなたの提言を受けて、当地で休養に努めています。カー博士が、私の問題は全く消化不良によるものであり、食事の適当な管理と数か月間の休養を伴った運動が、私に完全な健康を回復させると、この手紙の前にあなたに書いていると思います。私は経験から、彼は私の状況をよく言い当てていると思いますので、彼の指示に従うように努めています。およそ六か月ほどボードとの関係を保っておき、そしてもしそれまでに私の健康が回復しましたら、あなたが指示される所に行き、仕えたいというのが私の希望です。この沿岸地帯にある教会を、外国宣教の問題について大いに鼓舞する必要があります。非常に無関心であり、キリスト者たちの間に、宣教の仕事に対して強い反対さえあることに驚いています。当地の牧師たちの何人かと連携して、分別のある努力をすれば、宣教の目的を進めるために価値ある助けになるであろうと考えます。ここにはお金が豊富にありますが、世俗的に使われていて、宗教的な目的には使われていません。

私の心も、そして私の良き妻の心も、宣教の仕事の内にあります。私たちの最高の喜びは、主が許し賜うのであれば、それを続けることなのです。しかしいかなる形でも、ボードに迷惑をかけたくありませんので、もし私の健康が回復しないのであれば、何か別の分野での仕事を探しましょう。

私たちが横浜で形成した教会を離れることは、どれほど辛いことであったか、お話しすることはできません。私が去る前の安息日に、七人の大人と一人の子供が洗礼を受けました。一人は、以前聖餐を受けた神道の神官の娘であり、もう一人はその人の孫でした。彼は現在とても熱心な働き手であり、彼の住んでいるところで良い行いをしています。

私は、一致した調和の取れた教会を横浜に残してきました。人々の間には実際に興味が湧いていて、教会に入会したいという多くの志願者がいます。これ以上励みになり、大いに喜ばしい働きの場を願うことはできません。できる限り速やかに、他の方が日本に派遣されることを願っています。仕事は急速に伸びていて、O・M・グリーン氏やインブリー氏は、彼らの熱心な心が彼らに行いたいと思わせることのすべてを成し遂げるほど強健ではありません。彼ら二人は模範的な人たちです。彼らが私たちの大義に対して不名誉を招くという恐れを、あなたは抱く必要はありませんが、他の人たちもすべて同じ部類に入るように、私は望むものです。彼らと意見を交換することは非常に楽しいものでした。ジョン・バラ夫妻もともに働くのに良い人たちで、私たちとの関係はとても親しいものでした。折々に私の健康状態についてお知らせいたします。私たちはここに気持ち良く住み着いていて、横浜の医師は間違えていたに違いないと信じています。私は、魂の救済のために再び働く考えを断念することができません。そして神はここで、あるいは別の場所で、神のために働くことを私にお許しくださると信じています。

日本の郵便料金は、『フォーリン・ミッショナリ』誌で伝えられているように十五セントではなく、五セントです。ミセス・ルーミスからよろしくとのことです。

敬具

H・ルーミス

（1）七人の大人と一人の子供　『プレスビテリアン公会簿』によると、一八七六年四月二十三日の礼拝で、大人七人と子供一人がルーミスから受洗した。一八七六年四月二十九日付『ジャパン・ウィークリー・メイル』によると、ルーミスは同年四月二十六日、コロラド号でサンフランシスコに向けて横浜を出発しているので、その三日前に洗礼を授けたことになる。このメンバーの中にルーミスの塾生であった成毛金次郎がいた。明治二十五年にヘボンの尽力で建設したレンガ建ての教会堂が関東大震災で倒壊した時、彼は教会堂再建のため当時の金額で十五万円の献金をして、現在の教会堂を建設する原動力になった人物である。

3　日本の柿を紹介

サンフランシスコ　一八七七年三月十四日（訳注：差出人夫人）

ラウリー博士

私は、ルーミスが商売に従事していて、数か月ボードから給与を引き出しておらず、これ以上受け取らなくてもいいようになることを、あなたにお伝えするようにとのルーミスの依頼によって書いています。

彼は、商売が繁盛したならば、国に戻ってからの一年間に、受けてきたものを返済するつもりでいます。彼が一年間給与を続けていただきますようにと手紙でお願いしたときには、彼には収入もなく、直ちに返済金を生み出す何かに従事できる見通しがありませんでした。

彼は、この国に日本の柿を紹介しようと、手紙で柿の木と種を請求したのですが、彼は、受け取ったものを栽培し、接ぎ木をする必要があると考えていました（一行文字不明）。直ちに販売できるものが何か欲しかったのです。ところが二月に、彼は見事に接ぎ木をした多くの委託販売の苗木を受け取り、そのときから彼は、町で苗木の販売に従事してきて、かなり成功しました。この州で苗木を移植するのに適した季節がほとんど終わろうとしていましたし（どの新しい商売の企てでも同じように）広告料と、その果実に人々の注目を得ることが重荷となっていて、利益は今のところ多くはありません。

この州のいたる所、あるいは中部と南部の諸州に散在している木々がもし首尾よく育ち、人々がもっと欲しいと言うようになれば、秋には商売が良くなるでしょう。

恵みにより、私たちは親切なキリスト者の友人たちを得ることができました。そしてボール博士や（文字不明）氏の恩恵を受けて、その方々の助言や影響を（一行文字不明）商売に。私たちは今のところは、ミッション・ホームでミス・フィリップと生活していますが、間もなく自分たちの家に落ち着けるようにと願っています。

サンラファエルに住まいを得ようとしていますが、それは気候が良いことと、町へ簡単に行かれるからです。ルーミスは非常に疲れて夜、家に戻ってきますが、それでもぐっすり寝ますので、先週は以前よりはずっと健康に感じていました。

日本滞在中や、特に私たちが愛したそこでの仕事を離れるという試練のときに、さらに再び見ず知らずの人々の中で生活を始めたときに、あなたやボードの書記や、他の方々からいただいた同情や親切に、とても感謝しています。もし主が私たちを祝福してこの世での繁栄をくださるのであるならば、いつでも私たちは、すべてを主の業のためにお捧げしたいと祈っているのですが、私たちはそれを大いなることと見なし、（数文字不明）もし（文字不明）の間での個人の働きが（一行文字不明）他の人々によってなされているようにその仕事が拡がる（文字不明）。カロザース夫人は、明日到着予定の「ペキン」号で来られると書いていらっしゃいましたので、間もなくお会いできることを楽しみにしています。彼女はとても病が重く、長いこと臥せっていらっしゃいました。

彼女は、オークランドにいる姉妹のキング夫人の所に留まり、シカゴの両親の所に行かれ、（数文字不明）。あなたに私たちの状況をお知らせしたいとのルーミスの希望に添って、私が書いているのですが、彼が（文字不明）店で昼間に商売の手紙を処理することが、少ない彼の気力を（文字不明）。ラウリー夫人、お嬢様方、あなたによろしくと夫も申しています。　敬具

ジェーン・ヘリング・ルーミス

4　宛先のない手紙

（日付、宛先のない、文章の途中からの手紙）

日本における私たちのしてきた仕事についてとても心配しています。それを直ちに引き継ぐために、どなたかが送られるべきです。ヘボン博士は翻訳の仕事に忙しくしていますので、それに携わることはできませんし、ジョン・バラ氏は、それほど重要な職務につく資格を備えていません。私が辞めましたとき、会員は三十九名でしたが、適切な努力がなされれば、すぐにでもさらに大勢になるでしょう。そのようにして、横浜は東部、西部、南部に対する宣教の努力の中心になるべきです。辺り一帯に説教所を開設することができるでしょうし、そのように重要な持ち場を監督するためには、知恵と神の恵みが必要です。

最も希望に満ち、励みになる状態の宣教の場を私たちは辞めてきました。教会は熱心で良く一致しています。J・H・バラ師の教会の会員たちは親切で、なにごとにも協力的です。それ以上に望ましい場所や仕事は望んでも望めません。神の祝福によって、大きな成果があの根拠

地から期待できるでしょう。優秀なO・M・グリーン氏もインブリー氏も、彼らの持ち場でとても忙しくしています。彼らが処理しきれる以上の仕事があります。残されてきた物事の状態は、彼らにとって骨の折れるものでした。

タムソン氏がなそうとしていることは、不確かなもののように見受けられます。（文字不明）に対して、彼ははっきりと約束してしまっているので、別のどのような考えもほとんど考慮されないでしょう。私たち（グリーン氏、インブリー氏と私）は、彼を辞めさせなくてはならなくなると感じました。私たちの仕事のすべてを無に帰してしまわないかぎり、あの独立精神を擁護することはできません。オランダ改革派ボードと同様、私たちのボードもそれを直ちに断ち切るべきでした。タムソン夫妻を失うことは、皆にとってとても残念ですが、多分そうすることは必要なのです。どのような事情についても、カー博士の意見をお聞きになったと思います。彼は正しいと、私は確信しています。そして望みます（この文章の続きなし）（文章の途中から）外国に行く前に一度。体を酷使することで、直ぐに健康を取り戻すでしょう。ここに手紙をください。

家族全員ここの生活を楽しんでいます。神は、私たちの（文字不明）の中でも、とても慈悲深くておられます。妻も奥様と（文字不明）によろしくとのことです。

キリストに在って　H・ルーミス

（付）ルーミス夫妻への手紙

1　角谷省吾氏[1]からミセス・ルーミス宛の手紙

横浜・日本　一八七六年八月二日

ミセス・ルーミス　親愛なる奥様

あなたからの便りを七月二十九日に手渡され、とても喜んでいます。あなたが旅立たれてからこの三十日の間、あなたのご無事とすべてについて、全能なる神に日に二度祈っていました。主は私たちの拙い祈りを聞いてくださり、無事お着きになりました。発たれた後、親愛なる親切な先生方にとり残されて、とても孤独で涙に暮れていました。私には約束の地が与えられていて、いずれそこで互いに会いまみえ得ることを思い出し、安んじています。あなたがたのことをしばしば思い起こし、楽しかったことが忘れられず、あなたがたが悲喜こもごもに出発されたことを忘れることはできません。

ルーミス氏が間もなく快方に向かわれ、健康になるようにと望んでいます。氏にとって日本でなさったように釣りや狩りに出掛けることは、そう簡単なことではないでしょう。あまりよく鍛練をしていらっしゃいませんでしたから。でも氏は私たちにとって善き漁師であり、私たちを血に染まった川から引き上げて、水晶のように澄んだ美しい川に入れてくださいました。そこで私たちは新たに生まれ変わり、考えも変えられました。そして現在私たちは幸せな状態に置かれています。そうです、私たちに対する氏の親切な働きを忘れることはできません。このときもすべての祝福と聖霊の働きを常に神に感謝し、これらのことをあなたがたに感謝しています。

あなたがルルちゃんと赤ちゃんのことを書いてくださり喜んでいます。すくすくと成長し、彼らから便りがいただけるようにと願っています。あなたが日本語を彼らに教え、それを彼らが喜ぶのではと思っています。

あなたがアメリカに発たれた後のひと月の間、グリーン氏が会議のために神戸に行かれましたので、自分でオルガンの練習を続けていました。それで私は日曜礼拝と、教会の他の会でオルガンを弾きました。その間平和に安泰に暮らしました。しかし翌月の六月には、私は医学の勉強のために東京へ行きました。そこで安息日礼拝を守りたいと願いましたが、それは空しく終わりました。それは医者が私を教会へ行かないようにしたからです。そして私の伯父も、医者がイエスを信じることは愚かなことであると言ったといって許しませんでした。そこで、もし私が医者になりたいと望むのであれば、その間の五年から六年は主を否定しなければなりません。もし神に従うことを望むのであれば、その医者から学ぶことはできません。そうすれば伯父は怒って私を援助しないでしょうし、私の両親もとても困るでしょう。そこで私はグリーン氏を訪ねて話しました。氏はそれほど長い間否定することはできないけれども、しばらくは耐えるようにとおっしゃいました。私はそのようにして、そのことについてヘボン夫人に手紙を書きました。そしてヘボン博士がそのことをお知りになったとき、私のことをとても哀れに思ってくださいました。

再びグリーン氏を訪れたとき、ヘボン博士が私のことを哀れに思い、博士の所へくるならば医学教育をして支えてくださるとおっしゃっていると、伝えてくださいました。それを伺ったときはとても嬉しかったのですが、私の好きなようにすることはできないのです。

そこで伯父を訪れて、もう一度安息日礼拝について尋ねて見ました。彼はひどく怒り、私を叱責し非難して、それ以来憤りのあまり、私と口をきかなくなってしまいました。伯母は私の考えを変えるために多くのことを、あるときは親切に、あるときはひどい話し方をしますが、彼らに対する私の願いは「何よりも第一に神に従わせてください、そしてあなたがたにも従います」ということなのです。彼らは同意せず、私を母の所へ送り返すと言われました。

そうこうするうちに東京の医者からもう一度戻るようにとの手紙が届きました。そこで私は再び医者のもとに送り返されました。でも安息日礼拝を守りたいという私の望みに苦しまざるを得ませんでした。それ故、医者のもとを逃れて、彼から自由になりました。

私はインブリー氏を訪ね、彼に快く迎えられ、彼に話した後に、横浜へ行き、まずヘボン博士の所を訪ね、彼に話し、食事を共にして、伯父の所に戻りました。伯父は私を見るなり怒りだし、私や宗教に反対して多くのことをしゃべりました。彼は非常な迫害を加えて、私をイエスから転向させると言い、私はそれ以来今に至るまで家の中に閉じ込められています。今日でさえ全く外に出ることはできません。この二か月の間、非常に多くの困難に会い、友人に会うこともできませんでした。もちろん教会へも行かれません。

伯父がこれから行うと言っています同じ迫害を、今私は待っています。そして私の答えは全能なる主への祈願と救済です。聖書で語られている尊い約束を思い起こしています。「あなたがたは、わたしの名のゆえにすべての人に憎まれるであろう。しかし、最後まで耐え忍ぶ者は救われる。」「すべてわたしの愛している者を、わたしはしかったり、懲らしめたりする。」「いったい、キリスト・イエスにあって信心深く生きようとする者は、皆、迫害を受ける。」優れた多くの約束は大いに私を慰めてくれます。

多くの困難のうちにあっても私は平安のうちにあります。それは主がこの世にではなく、おもに従う者たちに与え給うた平安があるからです。

親愛なるルーミス夫妻、どうぞヨセフ、ダニエルや他の三人を困難から救った全能なる主に、私のために感謝して祈ってください。確かに私も同じように救われるでしょう。ヨセフは地下牢に入れられていましたが、私のは座敷牢ですから。

この二か月間、教会の友人たちについて何も知りませんので、他の人々のことについてお伝えできず申し訳ございません。どうぞお許しください。次回には他の方々のことについてお知らせいたしましょう。今後私はどうなるか分かりません。私は主を信じて、耐えて、主の救いを待っています。祈りのうちにあなたを忘れることなく、いつも感謝しています。私たちはとても弱い者ですから誘惑に陥らないように、私のため、教会のため、他の人々のために祈ってください。

私たちへのあなたのご親切を感謝いたします。今あなたが日本においでになるならば、度々お訪ねしてこうした事すべてをお話しできるのですが、今あなたははるか遠くにおいでになり、お話ししたいことすべてを書くことができません。今もなお、あなたが私たちと一緒にいらっしゃるように思っています。あなたがこの夏鹿野山(対岸の)にいらっしゃれば、私にとってはとても遠いのですが、とても近くに感じられます。

どうぞまた直ぐ便りを書いてください、度々、度々、度々。神が共においでになり、祝福くださいますように、さようなら、お健やかでありますように。

敬具

角谷省吾

（1）角谷省吾　一八七四年七月五日、横浜居留地三九番へボンの施療所において、ルーミスから洗礼を受け、同年九月十三日に十八名の信徒とともに横浜第一長老公会の設立に寄与した。その時受洗した者は、ほとんどがルーミスの塾に通っていた者で、角谷は十七歳であった。彼は、ルーミス夫人からオルガンの手ほどきをしてもらった。彼は医者になるように親から望まれていたが、伝道者をめざして勉学に励んだ。しかし挫折のうちに教会から離れていったようである。

2　原猪作[1]氏からルーミス氏宛の手紙

江戸　一八七六年八月二十三日

ルーミス様

拝啓　あなたと涙のうちにお別れしてからほぼ四か月になります。その間いつも祈りのうちにあなたを覚え、思い出さなかった日は一日たりともありません。あなたが如何お過ごしでいらっしゃるかとても心配であり、そのことを知りたいと不安な時を過ごしていました。船中助け手がなく多くの不便や難儀がおありでしたでしょうが、母国に無事に上陸なさったと伺い、とても嬉しく思い、神に感謝しています。

わざわざ遠い我が国まで来られて私たちのために伝道され、私たち同胞のために尽くしてくださいました数々のあなたの慈愛に満ちたご厚意を深く感謝申し上げます。私自身も生涯忘れることのできないほどお世話になっています。初めてお目にかかりましたときには、救いの道については何も知らない哀れな者でしたが、あなたが生きる道を教え導いてくださいました。おお、そのような祝福を忘れたことがありましょうか、そしてこれからも忘れることができましょうか。

ただ今私は江戸にいます。そして神のご加護のもとに、キリスト教の牧師になるために、なお勉学を続けています。O・M・グリーン氏が私たちに一時間ホッジの神学を教えています。そしてインブリー氏も同様です。また別の方が中国語の聖書をもとに教えるために来ると伺っています。私は（まだ若いので）いま一般科学の知識を得たいと熱望していますので、彼らが大学を諦めると聞きとても残念でした。私は始め官立学校に進んで、三年あるいは四年勉強しようと思っていました。しかし聖書を冒瀆するような神を信じない不道徳な人々と交わっているうちに、自分が神に対して冷淡になり不信仰になりはしないか、恐れを抱くようになりました。

　そこで最近横浜にヘボン博士を訪れて、自分をアメリカに送っていただけないか尋ねました。師は、これには多くの難しい問題があり、一人では決めかねるとおっしゃりながらも、私の将来にとって有益であるようにと好意的に聴いてくださいました。このことについて、O・M・グリーン氏とインブリー氏に相談してみると言ってくださいました。どのように扱ってくださるかまだ分かりませんが、アメリカへ行くことが、神の意にかなうことであれば、私にとって幸せなことであり、あなたにも再びお会いできる幸せにも恵まれるでしょう。

　私はここで教会や教会員のこと、併せて教会や国において改善されたことなど多くをお書きしたいのですが、残念ながら次回に残して、この辺りで筆を置かなければなりません。あなたやあなたのご家族からの便りを心待ちにしています。機会があれば一筆お書き願いたいと望んでいます。

敬具

あなたの誠実で感謝に満ちた召し使い

原　猪作

（1）原猪作　角谷省吾と同じく一八七四年七月五日にルーミスから洗礼を受け、横浜第一長老公会創立のメンバーになった。のちにカロザースの築地大学校に入り、七七年に設立した東京一致神学校に入学、カロザースの東京第一長老教会に属した。この教会が分裂した後も数寄屋橋教会（巣鴨教会）に留まり、七八年四月日本基督一致教会第四回中会で十三名の神学生と教師試補の試験を受け、伝道者になっていく。

解　説

本書に収載した書簡は、ヘンリー・ルーミス（Henry Loomis）が米国長老派教会のミッションに書き送った文書で、一八七二年（明治五）五月にルーミス宣教師が来日し、一八七六年（明治九）四月に帰国するまでの四年間の書簡をすべて収録している。このたび、『横浜指路教会百二十五年史』の編纂が契機となり、初代宣教師の書簡を明らかにすることによって、日本における最初の長老制度の宣教活動は、いかなるものであったかを考察したいという思いが高まっていった。と同時に日本における最初の長老派教会に関する書簡を明らかにすることは、日本のキリスト教史に貴重な資料を提供することになると考える。

筆者は、一九八七年七月、明治学院一一〇周年の記念業事としてニュージャージー州イーストオレンジ市のローズデール・セメタリーでヘボン博士顕彰碑除幕式が行われたとき、横浜指路教会を代表して除幕式に参加する機会に恵まれた。一週間のヘボン・ツアーが終わった後、一人離れてフィラデルフィアの長老派歴史協会（Presbyterian Historical Society）に足を運んだ。そこには、日本宣教初期の宣教師書簡があることをヘボン研究家の故高谷道男教授から聞いていたので、日本のプロテスタント教会関係の文献を調べた後、この宣教師書簡をマイクロフィルムにして欲しいと申し込み帰国、数週間してマイクロフィルムが届いた。まずルーミス書簡（Letters From Henry Loomis To Mission Board）をコピーして一冊に綴じ込んだ。『横浜指路教会百二十五年史』の編纂が始まってまもなくだったと思うが、教会史編纂委員会から教会員である有地美子氏にルーミス書簡の翻訳を依頼したところ快く引き受けてくださった。それというのも有地美子氏が、当時高谷道男教授からヘボン書簡の翻訳を頼まれて訳していたのを知ってのことであった。その後、有地美子氏は夫の良祐氏がシカゴに転勤になったとき、ルーミス書簡のコピーとマイクロフィルムを持ち込み、シカゴでマイクロリーダーを買い求め、一語一語解読していった。そして苦労を重ねて九五年末には、一八七二年五月から七六年三月まで四十通にのぼる訳業をひとまず終えた。その後、幾度となく訳の見直しを行い、また滝川和子氏、松下孝氏にもご協力いただいた。

さて、このルーミス書簡が、いかに意義あるものであるかを見てみよう。従来、長老派の動向については、ヘボン書簡が唯一の文献のような状態であった。それに対して、ルーミス書簡は、牧師の立場から書かれた資料として伝道の姿が直接見えてくる点において貴重な資料となろう。この書簡の内容については後述するが、ここではこの書簡の日本プロテスタント・キリスト教史における歴史的意義は、いかなるものであろうかを問いたい。

第一に、日本プロテスタント・キリスト教受容期に、宣教師がいかなる活動をしたのか書簡を通して知ることができる。第二に長老派ミッションの日本宣教戦略ともいうべき動向を知ることができる。第三には、日本に唯一の合同教会を形成しようとした動きが分かると同時に、合同教会としての日本基督公会の成立と破綻の様子を見ることができる。第四には、横浜指路教会の成立事情と伝道状況が把握できる。

私たちは、日本のキリスト教史を見るときに、宣教の担い手であった宣教師が書いたオリジナルな資料の分析が不可欠なものと考える。それらの点から教会史編纂委員会では、ルーミス書簡の翻訳を思い立ち、長老派教会の成立とその動向を知る重要な手がかりとなると考えたのである。次にルーミスの人となりと書簡の解説をしたい。

ルーミスとルーミス書簡

ヘンリー・ルーミス（Henry Loomis）は、一八三九年三月四日、米国ニューヨーク州バーリントンに生まれた。ヘンリー・ルーミスの娘クララ・デニソン（Clara Denison Loomis）が書いた*Henry Loomis Friend of the East*によると、ルーミス家は、一六三九年コネティカット州ウィントリアにイングランドのブラントリー（Braintree）から移住したもので、ジョセフ・ルーミスの家系にあたり、頑固なピューリタンであった。祖父の時代にバーリントンに定住し、父はノア・コールマン（Noah Coleman）、母はマリア・ミーチ（Maria Meech）といった。ヘンリーは、八人兄弟姉妹の下から二番目であった。

彼は、バーリントン地区の小学校時代に母親と死別、父親が再婚すると一番上の姉のジュリアに引き取られてメソジスト教会の日曜学校に通った。ジュリアはルーミスの少年時代に死去したが、彼女の信仰深い人格が影響を与えるに至った。十七歳の誕生日を迎える前、父親を失い、その時親類の手引きで長老派教会に加わり、レイド牧師に世話になった。そして十七歳のとき、ある金曜日の夜、学校の帰り道で神の慈悲と慈愛に満ちた啓示が与えられる宗教的経験をするのである。

彼は、少年時代から農業や商業に従事したが、彼の身に適さず、二十歳の時牧師の影響もあってハミルトン大学に入学することになるが、南北戦争が勃発すると義勇兵の募集に応じ、二度の負傷にめげずファイブフォークの戦役後、大隊長となって活躍し陸軍大尉になった。一八六五年戦争が終結すると、ハミルトン大学に戻り、翌年オーバン神学校に入り盛んに伝道活動を行った。州立の監獄や孤児院でバイブル・クラスをもち、キリスト教的な奉仕を数多く行った。日曜学校を設け、さらに自然研究と健全なスポーツのグループをつくり、神学コース二年目の夏、西部の小さな町で十七人のメンバーからなる教会を組織したのである。

彼の娘、クララ・ルーミスは横浜共立学園の第四代の校長として、一九〇一年（明治三十四）から一九三六年（昭和十一）まで、実に三十五年にわたって、その重責を担った。このクララによると、ルーミスの妻ジェーン・ヘリングとの出会いは、オーバンの町においてであった。一八七一年の初めルーミスは、ミセス・サムエル・ボードマンの家に招かれ、その時ボードマン夫人の妹であるジェーン・ヘリング・グリーンという一人の女性に出会った。ルーミスは、彼女の品性に魅了され、その後文通が始まり、急速に二人の関係が進展していった。ジェーンの兄D・C・グリーンは、日本伝道に関心を持っていた。ルーミスもまた東洋伝道を考えていたので二人の考えは一致、一八七一年の秋婚約、翌年三月に結婚した。

オーバン神学校　*A History of Auburn Theological Seminary 1818-1918*, 1918. から　明治学院蔵

ジェーン・ヘリングは、一八四五年六月十四日生まれで、幼くして母を亡くし、十六歳のときには父親を亡くした。彼女は、読書好きの知的な少女であった。ルーミスがヘリングに出会ったとき、彼女は、S・R・ブラウンの学校でラテン語と数学を教えていた。ジェーンの家柄は、代々熱心な信仰者と勇気ある政治家を生みだしてきた。父デビット・グリーンと祖父のエレミア・エバー

トも多年にわたって外国伝道会社に勤務、祖父は初代社長であった。兄のD・C・グリーンは、ルーミス夫妻より二年前に米国伝道会社の宣教師として神戸の伝道に従事していた。曾祖父のロジャー・シャーマンは、アメリカ独立宣言の起草者の一人であり、トマス・ジェファーソン、ベンジャミン・フランクリンらと名を連ね、独立戦争に寄与した。シャーマンは、一七七四年大陸会議においてイギリス本国に抗議したときの代表であった。またコネティカット州から国会に出て、一七八七年フィラデルフィアの憲法会議で新憲法が可決されたときの重要なメンバーであった。

ルーミスは、オーバン神学校卒業後アジア伝道を志し、中国への指令を待っていたが、健康を害し断念、病気の回復を待つほかなかった。一八七一年ハワイでキリスト教伝道五十年祭が行われたとき、ルーミスは伝道局秘書官の一人として同行する機会を得た。その後、ニューヨークのジェーンズヴィルにある小さな教会の初代牧師として熱心に伝道、教勢は二倍になり教会員からは長く留まって欲しいと要請されたが、彼のアジア伝道への関心は変わらなかった。そしてニューヨーク長老派伝道会社の事務所で約六か月働き、この伝道局で日本行きの切符を得た。

こうして一八七二年三月に結婚、直ちにサンフランシスコへ行き、四週間の航海後五月二十四日に横浜に到着した。その後ルーミスは、一八七六年(明治九)春までの四年にわたって横浜に留まり、横浜第一長老公会を創立させ、讃美歌の編纂に努力したが、過労と消化不良から体調をくずし伝道をするのが困難となり、カリフォルニアに帰らざるを得なかった。ヒルズバークで農作業に汗を流し、田園生活を楽しむに及んで病が癒え、一八八一年（明治十四）再び来浜、横浜居留地四二番のアメリカ聖書協会の支配人としてルーサー・ギューリックの後を受けて経営にあたった。同協会横浜支局長のほかに朝鮮支局長として活躍した。

以上ルーミスが、来日するまでの歩みを中心にその足跡を追ったが、横浜第一長老公会時代のルーミスの伝道は、この四十通からなる書簡に実によく現れている。そこでこれらの書簡の大まかな記憶すべき内容について述べることにする。

第一にルーミスは、S・R・ブラウンやJ・H・バラが組織していたユニオン・チャーチに所属し、歯科医のエリオット、太平洋艦隊司令官になったワトソンらとともにユニオン・チャーチの設立に尽力した。

第二には、ルーミスが来日した一八七二年（明治五）は、日本プロテスタント史において記念すべきことが起こった年であった。同年三月十日に設立された日本基督公会は、無教派の基督教会を標榜し、米国オランダ改革派、米国長老派、米国組合派の三派を中心に超教派主義を掲げて展開したので注目された。しかし、その後他教派が続々と日本に進出したためそれらの諸教派と折り合いがつかず挫折を余儀なくされたが、その動向がこのルーミス書簡から垣間見ることができるのである。

一八七二年九月二十日より五日間、ヘボンの三九番館で第一回宣教師会議が開かれ、米国オランダ改革派、米国長老派、米国組合派など、イギリス聖公会を除き日本に在住する全てのプロテスタントの宣教師が列席した。この会議で聖書翻訳、神学校の設立、公会の精神に基づく日本人教会の設立の三点が可決された。公会の精神に基づく教会づくりは、この年の十月末頃から横浜居留地三九番においてJ・H・バラの教会員とルーミスのもとに集まった人びとがともに礼拝を行う試みがなされた。しかし、約半年後の一八七三年(明治六)五月中旬から二つの集団は別々に礼拝を行うにいたり、日本基督公会の運動は内部から崩壊を余儀なくされたのである。その破綻の様子をルーミス書簡から摑み取ることができるのである。

第三に長老派ミッションの動向を把握できるのである。長老派では、一八五九年(安政六)にヘボンがいち早く来浜し、六三年(文久三)にはタムソンが、六九年(明治二)にはカロザース、七二年(明治五)にはルーミスとミラーが来浜、続いて七三年(明治六)にはO・M・グリーンが、七五年(明治八)にはインブリーが来日している。これらの顔ぶれを見ると、長老派ミッションの宣教師は第一級の宣教師を派遣していることが指摘できるし、これらの人物はアメリカの初期の形成期において、支配的な位置を占めていた家柄でピューリタン的信仰の持ち主であった。プリンストン大学やプリンストン神学校、オーバン神学校など高等教育と堅固な信仰訓練を受けてきたインテリ層で、宗教的には保守的な信仰を持った人格者であった。これらの宣教師夫妻が長老派ミッションと連絡を取りつつ宣教活動に勤しむ姿を読みとることができたが、本来協力し連帯しなければならない宣教師が必ずしも歩調を合わせることができない現実を見ることができる。その典型は、カロザースの伝道であった。熱血漢のカロザースが活発な伝道を展開したのは評価できるが、それが自己中心的ともいえる伝道活動のために、他の宣教師が翻弄されてともに歩むことができない姿を見ることができる。そして一八七六年(明治九)にヤソ論争を引き起こすのである。Jesusの訳語をめぐって自分の意見が通らないとみるや、辞表を提出してミッションから離脱し、一介の英語教師として赴任していった。

第四には、ルーミスが讃美歌の編集に力を入れているのが分かる。ルーミスは、一八七四年(明治七)六月『教のうた』(十九編)という讃美歌を奥野昌綱と発行、この前年にも十六編からなる讃美歌を発行したといわれるが、残念ながら現存していない。もし発見されれば、日本で最初の讃美歌集になる。またこの年のクリスマスの頃に『讃美歌』を発行、讃美歌の普及に大きな貢献をした。礼拝では、ルーミスが説教し、夫人がオルガンを弾き、また礼拝後には夫人の調べに合わせて讃美歌練習をしたという。これらの讃美歌のなかには、今日まで歌われ続けている讃美歌が少なくない。「主われを愛す」、「主よみもとに」、「うきよのあらなみ」、「いさお

クララ・ルーミス　横浜共立学園蔵

なきわれを」、「まごころもて」、「日のてるかぎりは」、「イエスきみのみなに」など、今日まで日本の教会で親しく歌い続けられていることを考えると、彼が讃美歌の編纂に貴重な貢献をしたことが分かる。

彼は多才であった。「日本の蝶」の著者であるH・J・S・プライヤーと親交があった。千葉県の鹿野山において、一八八二年（明治十五）頃、シジミチョウ科に属する蝶を発見した。彼は自然に接するのが好きで、恐らく、横浜第一長老公会時代、木更津伝道に出かけているので、その折鹿野山まで足を延ばしたことがあったと思う。この蝶はムラサキシジミに似ているが、これより一回り小型で一九三二年（昭和七）国の天然記念物に指定されている。プライヤーは、ルーミスにちなんでルーミスシジミと名づけて学会で紹介したという。また仙台地方のりんご生産で害虫撲滅法をワシントンの農務省に問い合わせ対応したという。考古学では、横浜付近の貝塚に出向いて土器や石斧などを収集するほどであった。さらにアメリカで休養中、三万本の柿の苗木をアメリカに移植して広めたという。

娘のクララ・ルーミスは、現在の横浜共立学園に二十四歳の若さで校長に就任し三十五年間勤務し、「共立女学校を己の家庭とし、生徒を我が子として、親愛の情で教育に尽くされた。」と勤続三十五年感謝会において有吉忠一理事長が述べている。ルーミス夫妻の墓とクララ・ルーミスの記念碑が横浜外国人墓地に立てられている。

ルーミス書簡は長老制度の教会にとって、どのようにしてヘボンの来日から一八七四年(明治七)九月十三日に教会が成立したか、その後どのように伝道が展開されていったかをつぶさに見ることができる点で貴重な資料となるであろう。一八七三年(明治六)十二月に日本基督長老会が創立、そして翌年に横浜第一長老公会が成立し、続いて東京第一長老教会が設立されていく過程のなかで、読者をして書簡を読み進めていくうちに何事にも真摯な態度で関わろうとする宣教師の姿を見るであろう。

ルーミス関係年表

一八三九年	三月四日　H・ルーミス、ニューヨーク州バーリントンの農家に生まれる。八人兄弟姉妹の下から二番目であった。
一八五八年	ハミルトン大学入学。
一八六一年	南北戦争勃発、義勇兵として参加、大隊長になって活躍。
一八六五年	ハミルトン大学に戻る。
一八六六年	オーバン神学校入学、盛んに伝道する。
一八七一年	ハワイのキリスト教伝道五十年祭に伝道局秘書官として参加。
一八七二年	三月　H・ルーミス、ジェーン・ヘリング・グリーン（一八四五年六月十四日生まれ）と結婚。 五月二十四日　ルーミス夫妻が来浜。 九月二十日　第一回宣教師会議が横浜居留地三九番のヘボン施療所で開かれ、ルーミス参加。 十月末頃　ルーミスの集団とJ・H・バラの教会員が一緒に礼拝を行う。 十二月十五日　日本基督公会において、四人に洗礼を授ける。

一八七三年　五月中旬　ルーミスの集団とバラの教会員が一緒に礼拝を行っていたが、別々に礼拝を行うようになり、ここに日本基督公会の構想は挫折することになる。
十二月三十日　日本基督長老会を組織。

一八七四年　六月　ルーミス、奥野昌綱編『教のうた』（十九編、木版刷）出版。
七月五日　山家徳三郎、坪内茂、原猪作、山口準之助、鶴徳次郎、鶴儀三郎、篠原誾三、太田留助、角谷省吾、石原保太郎に洗礼を授ける。
九月十三日　服部綾雄、横溝丈慶、平間平太郎、黒川泰吉、菱沼伴三、山本民、城田芳の七名に洗礼を授ける。先に転入会していた南小柿洲吾を含め十八名をもって横浜第一長老公会を、横浜居留地三九番のヘボン施療所において設立。
十月　横浜第一長老公会が港町六丁目に転じる。
クリスマスの頃『讃美歌《さんびのうた》』出版。

一八七六年　四月二十六日　サンフランシスコに向け、コロラド号でルーミスは夫人と二人の子供とともに帰米、カリフォルニアに移ってしばし休養する。日本の柿を米国で紹介する。

一八八一年　ルーミス再び来浜。横浜居留地四二番のアメリカ聖書協会日本支局の主幹となる。同時に朝鮮における同協会の責任者となり、一九〇四年まで兼任した。ルーミス、

一八八二年	朝鮮の李樹廷に朝鮮語訳聖書をすすめる。李は八三年に「マルコによる福音書」を訳し終える。
	千葉県の鹿野山でシジミチョウ科に属する蝶を発見し、H・J・S・プライヤーによってルーミスシジミと名づけられる。
一八九四年	日清戦争に際し、陸海軍の軍人に聖書を配布する。
一八九五年	アレクサンダー・A・ピータース、ルーミスに導かれて洗礼を受ける。ルーミスの影響で米国長老派教会宣教師となり日本と朝鮮で伝道する。
一九〇一年	娘のクララ・デニソン・ルーミス、アメリカ婦人一致海外伝道局宣教師として来日、共立女学校(現横浜共立学園)第四代の校長に就任。
一九〇四年	日露戦争に際し、軍人に聖書を贈る。
一九一二年	ルーミス来朝四十周年記念会が横浜指路教会で開催。
一九一五年	ハミルトン大学より神学博士の学位を受ける。
一九二〇年	四月二十九日 ルーミス夫人逝去、享年七十四歳。
	八月二十八日 ルーミス逝去、享年八十一歳。夫人とともに横浜外国人墓地に眠る。

参考文献

『日本キリスト教歴史事典』教文館　一九八八年

海老沢有道『日本の聖書』講談社学術文庫　一九八九年

岡部一興「日本基督公会の挫折と長老派の動向」高橋昌郎編『日本プロテスタント史の諸相』聖学院大学出版会　一九九五年

岡部一興「日本における長老派の源流(1)(2)」『季刊　教会』三六、三七　日本基督教団・改革長老教会協議会研究所　一九九九年

小檜山ルイ『アメリカ婦人宣教師』東京大学出版会　一九九二年

佐波　亘編『植村正久と其の時代』復刻版　一～五巻　教文館　一九七六年

高谷道男編訳『ヘボン書簡集』岩波書店　一九五九年

高谷道男編訳『S・R・ブラウン書簡集』日本基督教団出版部　一九六五年

G・F・フルベッキ『日本プロテスタント伝道史』上、下　日本基督教会歴史編纂委員会　一九八四、八五年

山本秀煌編『日本基督教会史』復刻版　改革社　一九七三年

横浜指路教会編『横浜指路教会百年の歩み』一九七四年

横浜プロテスタント史研究会編『図説　横浜キリスト教文化史』有隣堂　一九九二年

Clara Denison Loomis, *Henry Loomis Friend of the East*, Fleming H.Revell Company, 1923

宣教師ルーミスと明治日本――横浜からの手紙
平成十二年七月二十五日　第一刷発行
編者＝岡部一興
訳者＝有地美子

発行者――松信　裕
発行所――株式会社　有隣堂
本　社　横浜市中区伊勢佐木町一―四―一　郵便番号二三一―八六二三
出版部　横浜市戸塚区品濃町八八一―一六　郵便番号二四四―八五八五
電話〇四五―八二五―五五六三
印刷――凸版印刷株式会社

ISBN4-89660-162-9 C0221
定価はカバーに表示してあります。

装幀者＝村上善男　扉イラスト＝木田レイ

有隣新書刊行のことば

国土がせまく人口の多いわが国においては、近来、交通、情報伝達手段がめざましく発達したためもあって、地方の人々の中央志向の傾向がますます強まっている。その結果、特色ある地方文化は、急速に浸蝕され、文化の均質化がいちじるしく進みつつある。その及ぶところ、生活意識、生活様式のみにとどまらず、政治、経済、社会、文化などのすべての分野で中央集権化が進み、生活の基盤であるはずの地域社会における連帯感が日に日に薄れ、孤独感が深まって行く。われわれは、このような状況のもとでこそ、社会の基礎的単位であるコミュニティの果たすべき役割を再認識するとともに、豊かで多様性に富む地方文化の維持発展に努めたいと思う。

古来の相模、武蔵の地を占める神奈川県は、中世にあっては、鎌倉が幕府政治の中心地となり、近代においては、横浜が開港場として西洋文化の窓口となるなど、日本史の流れの中でかずかずのスポットライトを浴びた。

有隣新書は、これらの個々の歴史的事象や、人間と自然とのかかわり合い、ときには、現代の地域社会が直面しつつある諸問題をとりあげながらも、広く全国的視野、普遍的観点から、時流におもねることなく地道に考え直し、人知の新しい地平線を望もうとする読者に日々の糧を贈ることを目的として企画された。

古人も言った、「徳は孤ならず必ず隣有り」と。有隣堂の社名は、この聖賢の言葉に由来する。われわれは、著者と読者の間に新しい知的チャンネルの生まれることを信じて、この辞句を冠した新書を刊行する。

一九七六年七月十日

有隣堂

有隣新書〈既刊〉

8 近代日本画を育てた豪商 原三溪　竹田道太郎
9 新版 炎の生糸商 中居屋重兵衛　萩原進
10 相模のもののふたち——中世史を歩く　永井路子
11 将軍と町医——相州片倉鶴陵伝　森末新
15 太平寺滅亡——鎌倉尼五山秘話　三山進
17 メルメ・カション——幕末フランス怪僧伝　富田仁
18 戦時下に生きる——第二次大戦と横浜　伊豆利彦
19 大空襲5月29日——第二次大戦と横浜　今井清一
20 占領の傷跡——第二次大戦と横浜　服部一馬・斉藤秀夫
21 横浜の作家たち——その文学的風土　尾崎秀樹

22 マリア・ルス事件——大江卓と奴隷解放　武田八洲満
25 横須賀製鉄所の人びと——花ひらくフランス文化　富田仁・西堀昭
26 都市と市民参加　河村十寸穂・斎藤昌男・原純輔
27 ジャポン1867年　L・ド・ボーヴォワール 綾部友治郎訳
28 武蔵の武士団——その成立と故地をさぐる　安田元久
29 核とアジア・太平洋——国際会議ヨコスカ　伊藤成彦編
30 自由民権運動と神奈川　大畑哲
31 都市を考える——横浜国立大学経済学部公開講座　遠藤輝明編
32 日本・人力車旅情　E・R・シッドモア 恩地光夫訳
33 神奈川の石仏——近世庶民の精神風土　松村雄介

34 後北条氏　鈴木良一
36 文明開化うま物語——根岸競馬と居留外国人　早坂昇治
37 メール・マティルド——日本宣教とその生涯　小河織衣
38 ギルデマイスターの手紙——ドイツ商人と幕末の日本　生熊文編訳
39 萬鐵五郎——土沢から茅ヶ崎へ　村上善男
40 南の海からきた丹沢——プレートテクトニクスの不思議　神奈川県立博物館編
41 おはなさんの恋——横浜弁天通り1875年　M・デュバール　村岡正明訳
42 タウンゼンド・ハリス——教育と外交にかけた生涯　中西道子
44 鎌倉の仏教——中世都市の実像　貫達人　石井進編
46 仮名垣魯文——文明開化の戯作者　興津要
47 今村紫紅——近代日本画の鬼才　中村溪男

---

48 ホームズ船長の冒険——開港前後のイギリス商社　横浜開港資料館編　杉山伸也他訳
49 横浜のくすり文化——洋薬ことはじめ　杉原正泰　天野宏
50 横浜商人とその時代　横浜開港資料館編
51 東慶寺と駆込女　井上禅定
52 相模湾上陸作戦——第二次大戦終結への道　大西比呂志　栗田尚弥　小風秀雅
53 フランス人の幕末維新　M・ド・モージュ他　市川慎一　榊原直文編訳
54 鶴岡八幡宮寺——鎌倉の廃寺　貫達人
55 鎌倉の古建築　関口欣也
56 祖父パーマー——横浜・近代水道の創設者　樋口次郎
57 北条早雲と家臣団　下山治久
58 宣教師ルーミスと明治日本——横浜からの手紙　岡部一興編　有地美子訳